解读区块链

重新定义未来经济

韦康博◎著

人民邮电出版社

北京

图书在版编目（CIP）数据

解读区块链：重新定义未来经济 / 韦康博著. --
北京：人民邮电出版社，2017.8（2019.11重印）
ISBN 978-7-115-46213-8

Ⅰ．①解… Ⅱ．①韦… Ⅲ．①电子商务－支付方式－
研究 Ⅳ．①F713.361.3

中国版本图书馆CIP数据核字(2017)第151911号

♦ 著　　　　韦康博
　　责任编辑　李　强
　　责任印制　彭志环

♦ 人民邮电出版社出版发行　　北京市丰台区成寿寺路 11 号
　　邮编　100164　电子邮件　315@ptpress.com.cn
　　网址　http://www.ptpress.com.cn
　　北京虎彩文化传播有限公司印刷

♦ 开本：700×1000　1/16
　　印张：13　　　　　　　　2017 年 8 月第 1 版
　　字数：145 千字　　　　　2019 年 11 月北京第 8 次印刷

定价：59.00 元

读者服务热线：(010)81055493　印装质量热线：(010)81055316
反盗版热线：(010)81055315
广告经营许可证：京东工商广登字 20170147 号

前　言

　　20世纪90年代，互联网技术就已经成型，人类社会从工业化时代走向信息化时代，而阿里巴巴、京东和腾讯等大型网络公司借助信息化的羽翼得以成长、壮大。如今，20多年过去了，大多数人还是相信以"BAT"（百度、腾讯、阿里巴巴）为主导的互联网巨头代表着最优越的科技和最先进的思想，然而，美国互联网领域知名的预测专家凯文·凯利却表示："未来的世界是去中心化的。"

　　在商业领域，去中心化意味着将权威因素从合作中移除，它直接否定了目前势头正盛的房产中介、证券交易所、车辆交易所，甚至是银行等机构。如果去中心化真的是未来趋势，那么淘宝、京东、亚马逊、当当等一系列网络交易平台将会受到巨大冲击。

　　马云曾经说过一句很经典的话，当很多人还不清楚什么是PC互联网的时候，移动互联网来了。当我们还没搞清楚移动互联网的时候，大数据时代又来了。现在，我们完全可以再补充一句："当我们还没有弄明白大数据的时候，区块链又来了。"有专家预言，区块链技术在未来十年，势必引领信息社会的发展方向。

　　区块链的去中心化也有一定的道理。我们知道，两点之间直线距离最短。人与人的交流也一样，直接交流时，双方几乎能接收到全部的信息；而如果中间有传话者，就有可能出现信息的讹传或丢失。商业交易更是如此，先进的交易平台都是由某个集团或组织控制的，它们虽然可以通过操控平台为人与人之间的交易提供便利，但也在无形之中侵犯了用户的权益。例如，目前各大交易平台都可以通过记录用户的日常操作、消费习惯，甚至是个人信息来实现各种商业目的，而这部分信息本属于用户，这就相当于获取了本属于用户的利益。再如，中心化平台为了获取利润，往往要收取平台用户高额的费用，比如淘宝的商家用户每年都要向平台方支付高额的租金和扣点。

在互联网时代，创新就像是一道耀眼的闪电，照亮了社会发展的前进道路。纵观科技的发展之路，从互联网、移动互联网、社交网络，到当前的大数据、云计算和人工智能，凡此种种，无一不对人类社会产生了深远影响。而区块链的出现亦是如此。从发展历程来说，与区块链息息相关的去中心化理念使比特币历经了 8 年的发展。今天，区块链已经成为一个无法被更改的分布式账本系统，众筹保险、智能债券、跨境支付等都可以运用。自此，互联网浪潮又被区块链推向了一个新的起点。

区块链之所以倍受瞩目，不仅仅是因为它高超的技术和精密的算法，还因为它所体现的社会价值，"去中心化""全民平等""开放共享""分布式"等人们以前无比向往的事物都会因为区块链的存在而一一实现。区块链通过使用不可更改的账本，真实地记录了互联网上的各种数据、历史和见证，体现了一种追求真理的精神。我们可以说，区块链是建立绝对公平公正的"信用"机器，它将重新定义这个世界。

本书从最基本的比特币系统讲起，从比特币创始人中本聪的基本思路出发，带领读者认识区块链、分析区块链，最后学会应用区块链。本书从浅显到深刻，从理论到实践，从技术到领域，从自然到社会，详细诠释了区块链的世界。全书可以分为三个部分：第一部分主要阐述区块链的起源，并介绍了区块链的基本概念和创新应用；第二部分阐述区块链的技术特征以及区块链技术的具体应用；第三部分放眼未来，以全新的世界观和价值观诠释区块链给全人类带来的巨大福音。

目　录

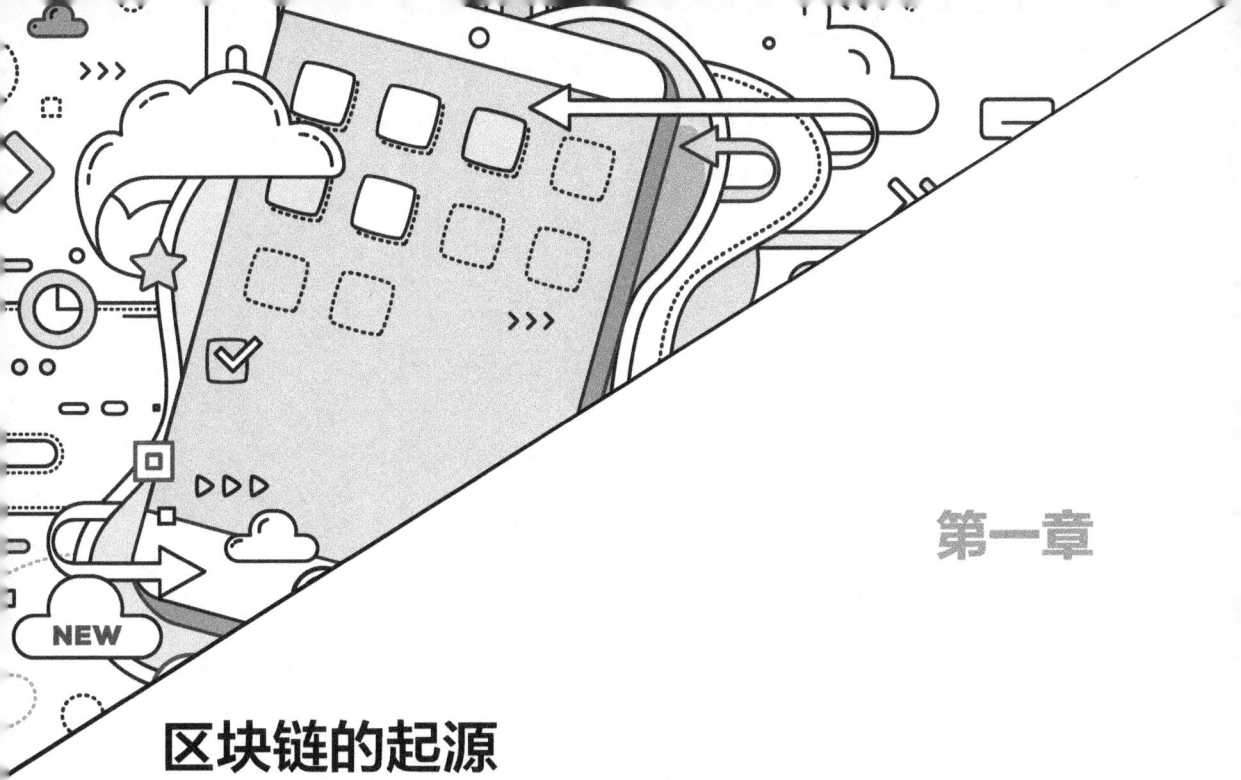

第一章

区块链的起源

——如何利用超时空技术破解古拜占庭的"将军困境"

依照旧有的交易模式，买卖双方往往需要寻找一个权威的"中间人"来规范操作。这个步骤解决了商业行为中的"信任"问题，但在无形中又制造了额外的损耗——"中间人"的存在，这毫无疑问会对买卖双方交易产生一定的阻碍。其实不光是商业行为，在其他任何涉及"信任"的领域，人们都需要借助权威中心的帮助。为了解决中间因素给社会生活带来的负面影响，区块链技术就应运而生了。

取消自由协议中的过渡环节，可以说是人类社会发展的终极趋势之一。点对点的直线对话节省了大量的社会资源，同时也更能反映沟通的本质。可以确信的是，区块链技术的出现帮助人类社会解决了一个重大难题。在生活节奏加快、各领域交流更加频繁的时代，区块链理念的诞生也因此显得更加熠熠生辉。

1. 拜占庭将军如何破解人类未解之谜

步入信息化时代之后，"万物联网"的新生活模式进入千家万户。与过去相对低效、闭塞的世界有所不同的是，互联网时代缩短了人与人之间的相对距离，提高了我们的生活质量。但是过于发达的信息技术，又在一定程度上对网络参与者的个人隐私与人身财产安全造成隐患。在前沿科技最为发达的美国，网络信息犯罪率一直居高不下，每年都有 1500 万居民的身份证被他人冒用，由此引发的经济损失多达千亿美元。那么，在电子交易逐渐占据主导的大时代背景下，如何保障"虚拟货币"的安全，就成了经济学界分外关注的话题。而正是在这样一种时代需求的推动下，区块链技术诞生了。

用学术化的技术分析来阐述区块链的理念内核未免会让人感到晦涩难懂，业内更习惯用"拜占庭将军"的故事来帮助人们快速理解区块链的技术原理。"拜占庭将军"的故事是这样的：一座坚固的城堡遭到了外来军队的攻击，城墙内部有一万名士兵严阵以待，而城外的入侵者则是由拜占庭将军和他的副官统领的两万大军。不过，这两万人分别由 4 名副官指挥，拜占庭将军只是在大后方对军队进行统一调度。

这样一来，问题也就突显出来了：一方面，由于城堡中守军实力强大，将军必须调用两名以上的副官参与进攻；另一方面，副官中也可能有叛徒，假如他们抗拒、篡改军令，那么这次作战计划就会失败。

所以说，城外的进攻方虽然看起来兵力更强，但实际上，他们面临诸多隐患。假如，某一副官得到了干扰信息而贸然出击，那么他和属下将会面临全军覆没的危险；同样，假如有指挥官没有按照将军的指示联合进攻，那么本次军事行动也可能遭到失败。很显然，信息的准确传递就成了取胜的关键因素。

在拜占庭时期，将军并不能利用现代化科技设备来达到精准指挥的目的，书面信函才是联络各处的通用"文件"。而要确保军事命令的准确传达，一个比较可靠的办法就是在信件上附加将军和接收指令的副官的签名，同时禁止副官之间互相发信。这样一来，唯一的有效文件将在各个营地传递，最后再返回到将军手中。

在这样一套规则下，整个作战计划才会被明确下来，4 名副官也不会被间谍们的流言误导。这样一个抑制了干扰选项、确保信息唯一性的过程，就与"区块链"技术有着极高的相似度。

从本质上说，区块链技术实际上是一个去中心化的分布式账本数据库。说得更加宽泛一些，区块链就是一个包罗万象的记账本，而在这个记账本中，所有信息都是透明化且不可修改的。如此，各个节点正在传输或者已经传输的信息，就都被赋予了唯一性的特征。更进一步说，对于区块链中发生的交易，所有节点都会"记上一笔"。这样做的好处就是，假如有人想要修改某项交易记录，那么，除非他控制了一半以上的相关节点，否则他很难成功。

在"拜占庭将军"的例子中，将军与4名副官就像是分散的节点，他们需要通过信号的传递来达成默契。但是这个小队伍中很可能有敌方卧底，会蓄意篡改将军的信函，所以，一封附有所有人的签名的公文，才能够保证信息的准确传达。更加重要的是，各名副官将会同时起到传信与监督的作用，他们除了在作战指令上加盖印鉴，同时还要确认这道公文的合法性，所以，改变战时情报实际上是不可能完成的事。在这个类似区块链结构的环境中，所有信息都是透明流通的，个体力量并不能改变公众账本上的既定信息。

所以说，区块链技术的出现，将从规则上为相关区域的信息安全带来保障，在成熟的区块链体系中，所有被记录的数据都难以被篡改。如果我们把这一技术引入社会生活，那么很多棘手难题就都能迎刃而解，比如美国的公民证件盗用事件、世界贸易中的"虚拟货币"安全系数问题等。

凡此种种，都与人类生活有着密不可分的关联，而区块链技术的普及，可以极大程度地保障它们的安全性能。很显然，信息化数字生活将会是未来世界的主流形态，而人类社会对信息技术的依赖程度也会越来越高。以和人类关系最为密切的商品交易为例，未来世界的实体货币流通率将会逐渐降低，"虚拟货币"将会成为各类交易的核心介质。在此，区块链技术作为一个分布式账本数据库，它能够带给人类的就是高系数的安全保障。

在区块链技术原理的引导下，交易者之间会建立起一个公开透明的虚拟网络，在这个网络中，所有交易活动都会被全体参与者记录下来。比如，该网络的节点 A 向节点 B 购买了一套茶具，那么该网络中的所有节点都会记录下本次交易的时间、地点、经过、价格、对象以及收付款情况。此后，假如 B 宣称自己没有收到货款，那么网络中的所有参与者都将会翻看自己的记账本，求证 B 说的话是否属实。

可以说，区块链技术的出现，是信息化时代的关键性产物，正是在它的帮助下，信息数据的安全性才能得到更为可靠的保障。或许在不久的将来，人类社会的信息交流与存储将会更加频繁，这对于全人类的高速发展将会起到不可磨灭的推动作用。

2. 去中心化为区块链插上"梦想的翅膀"

在庞杂的数据网络中，有一个问题是所有参与者都在全力关注的，那就是信息传递的可靠性。某次数据处理过后，当事人否认了此前的参与行为怎么办？在古代社会，我们通过道德规范来约束此类行为的发生，但是很显然，精神批判和舆论谴责并不能从根本上解决社会诚信问题，合理的规则约束才是维护公共秩序的有力手段。

实际上，要保证共生环境内既定协议的有效执行，选择一个可靠的"中心"就可以。例如，我们通过网络平台购物，正常的流程是选定商品之后，把款付给平台，然后该平台再通知卖方发货；买家收货之后，向平台发送了确认信息，平台再把货款付给卖方。

在这样一个交易流程中，买卖双方都无需担心"被骗"，因为作为促成交易的媒介，网络平台必然要承担风险把控的责任。假如卖主发出的是劣质商品或者买家要求退货，甚至是买卖双方在合同协定上出现了纠纷，那么这其中的沟通协调、规则制定等，都需要由网络平台负责。这样看来，买卖双方都得到了一个安全可靠的"中间人"，大家各司其职，似乎非常和谐。

但是，这种运作模式同样也存在不少弊病。一方面，结构流程繁复在一定程度上会给协议达成带来阻力。原本只是"买家付款→商家发货"的简单流程，现在多了个中间环节，这其中的无端消耗其实是非常糟糕的。而且在很多时候，同一个平台需要承载千万个交易，整个贸易体系本就庞杂繁复。另一方面，"中间人"的可信度又有多高呢？假如他们也"见利忘义"，那么被放了鸽子的买卖双方又该找谁追赔？

因而，协议双方一方面担心对方的诚信问题而寻求第三方公证，另一方面又希望简化流程而试图将"中间人"剔除。而这样一个矛盾的实质其实就是区块链技术中的"去中心化"。

所谓去中心化，就是将协议中的第三方权威从整体架构中移除。按照之前的理论，如果缺少了"中间人"的居中调度，单方面毁约的行为将层出不穷。区块链模式要实现"去中心化"，那就必须要拿出一个合理可行的替代方案。可以说，区块链模式是对传统的"三方认证"模式的颠覆。在它的帮助下，人类社会的网络交易、信息存储等都变得简洁、可行，而且安全系数更高。

例如，A 向 B 借了 10 万元，约定一年后还清，C 是中间人。一年之后，A、B、C 三人来到约定地点，并完成还款事宜。这件事情看上去合理可靠，但其中也存在不少风险：假如 A 和 C 串通一气，否认本次借贷，那么 B 是否会因此蒙受不白之冤？又或者 C 意外身亡，那么这笔借款是否就没有了公证人？但在区块链模式下，“集体认证”的方式能够很巧妙地规避上述问题，它不单单简化了协定流程，还强调了安全性。

总体而言，“去中心化”是区块链模式的重要特征，它果断移除了“中间人”在协议流程中的作用，以相关区域内部的“集体认证”取而代之。这样一种更加科学严谨的数据存储模式为区块链模式赋予了独特的权威，我们甚至可以说，“去中心化”理念的进一步推广，将会给各行各业带来深刻启发。

3. 比特币：金融世界的“玄幻佳作”

在探讨区块链相关知识的时候，有一个概念是必须要提及的，那就是“比特币”。比特币散发着非常独特的魅力，它充当了“世界货币”的角色，但却没有任何一个政府或民族对它进行权威认证。这种世界范围内的默契，似乎也充满了令人如痴似醉的“玄幻感”。

在深入探究比特币之前，我们理应对其价值原理进行剖析。实际上，比特币是区块链体系中的特殊产物，它没有专门的发行机构，也不能被伪造复制，而且从数额总量上说，全球比特币的存在上限是 2100 万个。

在区块链体系中，任何东西都是可以被交易的。无论是一个真实存在的汤锅，还是一瓶看不见摸不着的空气，又或者是抽象符号，甚至是那些闻所未闻、莫名其妙的喻指，只要有人愿意认可这件“商品”，我们都可以将其纳入“交易栏"。在区块链体系中，假如 A 节点喊了一句："我有 100 个莫拉拉！"而其他节点也都认可了这一说法，那么 A 节点就真的"拥有了 100 个莫拉拉"，但究竟"莫拉拉"是什么、它可以做什么，都无关紧要。再进一步，假如 A 节点说："我把 1 个莫拉拉给了 B！"同时 B 节点也认为自己收到了 1 个莫拉拉，那么这个区块内部的其他节点就都会自觉地在自己的记账本上留下记录："某年某月某时某刻，节点 A 将 1 个莫拉拉给了节点 B。"也就是说，"比特币"的诞生和"莫拉拉"如出一辙。

时至今日，比特币已经成了世界贸易体系中不可或缺的一环，在它的帮助下，各类贸易变得更加流畅。同时，在区块链技术支持之下的公共账本，它也为每一次交易加盖了独一无二的印章。无论是大宗商品的进出口，还是小饭馆里的一碗面，我们都可以用比特币买单。自从 2009 年中本聪勾画出区块链雏形并提出比特币理论，经过短短数年时间，强大的区块链技术就已经覆盖了人类生活的方方面面，比特币也红遍全球。

相比于传统货币，比特币具有强大的自我保护机制。这样说的理由是，比特币产生的基础是一整套密码编码和特殊算法，从技术原理上讲，这不是轻而易举就能办到的。而且，比特币的流通需要附加电子签名，整个网络都会对相关消费进行记录和查实，这使得那些希望通过制造伪钞来牟取暴利的不法分子无路可走。

但传统货币就不具备这样的优势。2001 年，由于改革失败，津巴布韦陷入了长达数十年的经济危机。在这场浩劫中，政府财政入不敷出，于是当局者暗中加印钞票，当这些没有以任何实际商品做保障的纸币流入市场，津巴布韦的经济也就陷入了暗无天日的深渊。到了 2016 年，175000 万亿津币才能兑换 5 美元！很显然，相对于实际价值几近于 0 的钞票，印钞用的油墨和纸张，早已经比钞票更珍贵了。"一战"后的德国与津巴布韦的遭遇相似，当时为了支付高昂的战争赔款，德国政府不得不授意国家银行加印钞票。一年之后，德国物价上涨了 300 多万倍，日耳曼民族几乎毁于一旦。

这样的问题在比特币世界里几乎不可能出现，所以比特币的持有者几乎不用担心收到伪钞，因为比特币的发行交易需要通告全网、接受核查，所以从安全系数上来讲，比特币的优势非常显著。

比特币相对于传统货币的第二个优势，就是它具有强大的流通能力。由于是全网络发行、得到多国认可，比特币在流通能力上具备了得天独厚的优势。例如，一位非洲游客想去美国旅游，那么他首先就需要知道自己国家的货币是否在美国也同样流通。为了保证自己顺利出行，一个稳妥的办法就是提前将本国货币兑换成美元。但这样一个流程也是存在弊端的，除了过多的手续和计算，货币兑换率的升降也会影响相关人员的财富。使用比特币进行交易，双方就无需考虑货币兑换的问题，只要谈好价钱就可以了。

比特币的第三个超强优势就在于它是匿名流通且免税。由于没有发行者，比特币持有者也就不会受到某一特定单位的制约。

当然，在某些方面，比特币依然存在诸多弊端，但是就目前而言，这些瑕疵还不能够完全掩盖比特币那些光彩照人的魅力。很显然，比特币的出现，颠覆了传统金融行业的货币流通理念。而且从发展的角度来看，由于世界人民之间的各类差异、边缘、互斥逐渐消逝，这将是人类大融合的表征。比特币实际上就扮演着"世界通货"的角色，假如某一天，全人类都在使用相同的货币，那么请不要忘记比特币在今时今日发挥的"拓荒"作用。

4. "麦克斯韦妖"与"比特币挖矿"

作为一个公共记账本，区块链需要所有的网络节点都参与协议记录，这就产生了一个令人困惑的问题：这些节点为什么要帮助其他参与者记载过去？对于这个问题，设计者其实也早已经做出了自己的解答，那就是"比特币挖矿"。

值得一提的是，在解析"比特币挖矿"之前，我们还应当对另外一个学术概念进行剖析，即"麦克斯韦妖"，物理学范畴内部的一个假想物。在一个充满气体或液体的空间，被假想出来的"麦克斯韦妖"守住了唯一的入口，当正在做布朗运动的气体或液体触碰到它的时候，它就会将这些分子按照运动频率区分开来。这样一来，活跃程度更高的分子就会产生热量，引发冷热区域之间的对流，于是，由热力推动的永动机就产生了。

"麦克斯韦妖"假说是物理学领域一个非常有名的猜想，它实际上代表着人类一劳永逸的深切渴望。不过我们将这一假想再稍加分析，就能够发现其悖谬之处。从本质上说，不断分拣冷热分子的"麦克斯韦妖"本身就是一个"永动机"——不停歇地运转，而且没有能量补充行为。所以，人们设定了一个可以制造空气对流的存在，然后借助这个存在的力量来完成永动实验。这本身就已经陷入了非理性的论证困境。

当然，"麦克斯韦妖"猜想也并非一无是处，有研究者认为，只要给麦克斯韦妖赋予自我补偿机制，这一理念就能实现，而相关的运动也就能在无监管环境中持续运行。基于这一设想，研究者又展开了更多的探索、实践。时至今日，有关人工智能的概念理论逐渐被深入挖掘，智能化的自我补偿机制也逐渐成为现实，因此，麦克斯韦妖和它主导的"永动事业"也就拥有了可实现的基础。

那么，"麦克斯韦妖"猜想与区块链技术又有何关联呢？实际上，区块链理论的顺利实践，与麦克斯韦妖猜想中的自我补偿机制有着密不可分的联系。更为准确地说，"比特币挖矿"就是自我补偿的真实体现。

在区块链体系中，所有节点都需要参与公共账本的记录，其中有的记载是与自身相关的，但更多时候，这些账目都属于"别人家的事儿"。这样看来，要想让这些节点不厌其烦地记录所有网络协议，给予它们真实可见的利益是必不可少的。基于这一初衷，设计者做出了这样一个规定：某次协议生效之后，第一个记录该协议的节点可以获取一定的比特币。这个规定激发了所有节点帮助他人做记录的动力，一旦有交易发生，各个节点都会争先恐后地加载本次交易的时间、对象、结果等。业内把这种现象称为"比特币挖矿"。

可以看到，"比特币挖矿"完美地充当了补偿者的角色，凡是遵循区块运行模式的参与者，都可能获得奖励。

但是，新的问题很快又出现了，由于参与者的基数无比庞大，难免会出现"矿产利益"争夺的问题。比如A向B购买了一台打印机，双方都向全网通告了本次交易的实施，而C、D、E几乎同一时间听到了宣言，于是都声称自己才是"第一见证人"，那么，本次交易的奖励应该给谁呢？

这个问题也不难解决，通过极其复杂的算法的限定，各个节点很难迅速厘清本次交易的来龙去脉。这样一来，多人争夺同一次交易的"矿金"的现象也就不复存在了。

总之，为了保证区块链中的所有节点都能针对网内交易进行自发式记录，设计者参照"麦克斯韦妖"猜想，引入了自我补偿机制，这就是"比特币挖矿"；而为了保障"比特币挖矿"的公平合理，我们又需要通过精密、复杂的算法来避免争议。可以说，"比特币挖矿"是区块链体系中不可或缺的一个环节，它甚至可以看作是网络全局的动力之源，正是在它的帮助之下，区块链技术才能够更为合理地展开。

5. 区块链：金元之都的"反掮客"

自 2009 年以来，比特币技术和区块链推论就以超乎人类想象的速度风靡全世界。一个新的概念要想征服世界，就必然要拥有强大的思想先进性。如果说比特币为世界金融引进了一种新的支付系统，那么区块链技术就是这个支付系统中最关键的一次革新。这种越过金融介质自行交易的经济模式，减少了交易过程中的直接参与，自然也就为整个交易链节省了不必要的负载量，就好比在做生意时，摒弃了掮客和中介人。

在传统交易模块中，各式各样的中心机构扮演着非常重要的角色，这些金融中心机构掌控着整条交易链的资金动向，并且负责审核、结算每两个节点之间的交易信息。就好比一个中间商牵头组织了一笔交易，然后联络买卖双方，买卖双方达成协议之后，中间人获取利益。唯一不同的是，金融交易模块中的"掮客"只是一个拟人化的符号，它可能是一个金融机构，也可能是一个技术平台，但无论以何种形式存在，捎客都会为雇主带来额外的负担。

传统的交易模式自然是有利有弊的。"瓜田李下"的大资本运作，必然需要主持者和监督机构，它们可以保障资本运营的稳定有序和基本安全。但是，这样一种操作模式在区块链理论出现之后，就逐渐显露出诸多弊端。

而区块链概念推出的交易模式是要求信号发布者直接将信息传导给接收者，将传统的中间环节统一过滤掉。当一个节点想要把资金传递给另一个节点的时候，他只需要释放出这样一个信号，模块内部的所有节点就会一起验证、审查相关信息在局部协议之中的合法性，一旦通过，该条信息将不可篡改或修正。最后，所有节点再依据已更新的账目报表，重新从公共账本中加载新的账本。

显而易见，在区块链模式中，主持者不再是单一的机构，而是"全民参与"的节点群。所有的节点都会参与每一次的资金流动过程，只有通过了集体验证的交易动向才会被许可，那么模块内的资金运作信息自然也是公开、透明的了。因此，各个节点不必一次又一次地找"捎客"们核对账目，如果有任何异议，查阅自己的表决信息或者在公共范围内审查集体大数据就可以了。

可以看到，后继而起的区块链支付模式，为互联网时代的数字支付带来了极大的革新。它冲破了传统理念下的资本运作模式，将资本从集中化管理推向了集体化管理的层面，由此也将更为便捷、透明化的公共账本送到了使用者面前。这个看似不经意的变革能为操作者节省的资本实际上是无法估量的。对此，我们可以借用高盛公司在区块链模式下计算的企业运营成本加以说明。

高盛研究者分析表示，当前，美国现金投资市场的佣金利润大约 110 亿美元，行业对从业者的薪酬回报占毛利润的 35%。按照这个比例计算，假如 2015 年美国从事金融投资的公司群总共获得 110 亿美元收入，其雇员会得到 38.5 亿美元的劳动报酬。根据各个岗位的职能不同，大约有 33% 的比例，也就是将近 13 亿美元的工资额是流向后台工作者的。

那么，技术工作的薪酬支出又当如何计算呢？研究人员勾勒出了这样一个大致的计算标准：当前全球金融业 IT 技术支出约 212 亿美元，其中与现金投资相关的 IT 成本占比约为十分之一，也就是 21.2 亿美元，而在这 21.2 亿美元中，美国 IT 从业者的薪酬就占了一半。这就是说，美国现金投资的 IT 工作者每年将从雇主手里领取 10.6 亿美元的报酬。

初步估算，区块链模式引入之后，后台计算和技术工作都将大量减少，人力成本可以缩减 6 成左右。这也就是说，60% 的后台岗位以及技术岗位将被回收，雇主们因此节约的薪酬成本就是（13+10.6）亿美元 ×60%=14.16 亿美元。假如这个数字保持不变，那么，区块链技术单单为美国金融行业节约的劳动成本就超过 14 亿美元！

除此之外，区块链技术的引入还将极大地减少金融行业内部的资金滞留现象。由于"掮客"被摒除在外，资本流通的时效性和流畅性也明显得到了加强。研究人员表示，美国绝大多数现金交易会流经著名的存托及计算机构（DTCC），所有正规渠道下的证券清算、存管，都需要由 DTCC 来统一协调。过去，DTCC 为全美金融行业的规范化操作和安全保障提供了良好的支撑，但现在，它却成为区块链拥护者眼中的"绊脚石"。

在 DTCC 名下，存托公司 DTC 和全国证券结算中心 NSCC 掌控了大约 67 亿美元的现金交易额。对此，高盛工作者预估，如果使用区块链技术，那么，这

67 亿美元的资金池完全能释放出 75% 的囤积资本。一旦这些被闲置的资金流入市场，那么按照 10% 的行业利润率，美国金融行业每年又将创收 5 亿美元（67×75%×10%）。

人力成本节约 14 亿美元，创收 5 亿美元，前后相加，区块链技术每年为美国的现金投资行业带来 19 亿美元的收入！但是，这样的结果还远远不能证明区块链模式对人类经济的巨大潜力。研究人员表示，以上推论只是冰山一角，还有诸多与之类似的行业和版块，都可以借助区块链技术进行"升级改版"。一旦这些理论得到实施，继之而起的经济效益将难以估量。

可以看到，区块链技术的出现，实际上是将交易模型中的"中间人"从结构内部移除。正因为如此，应用了区块链模式的雇主，才可以在一定范围内缩减劳动力成本，同时减少资本的囤积率，这其中的经济效益是非常可观的。就如同高盛研究者提供的报表所显示的一样，大量后台岗位和技术岗位被裁撤，操作者们直接通过"peer to peer"的方式进行资本交易，同时，大量囤积在存托公司或者结算中心的资金也都能够更灵活地流通、释放，最终产生更为可观的经济效益。

所以说，区块链技术以其巨大的优越性，直接攻克了传统金融模式必然借助中间机构才能正常运作的难题。这对于全球经济的进一步滚动融合，将起到不可估量的推动作用。

6. 戴着面具的"比特币之父"

在区块链研究领域，"中本聪"是一个足以让人绷紧神经的名字，因为他是最早提出比特币理论并付诸实施的人。但这位赫赫有名的"比特币之父"却从来没有对外界公布自己的真实身份，于是，外界的追捧、揣测，不但让大众对中本聪的认知愈加极端，而且勾起了部分心怀叵测之人的觊觎之心。在多重因素的作用下，有关比特币创始人的迷雾越来越浓。

2008 年，一位署名"中本聪"（Satoshi Nakamoto）的神秘人在互联网上勾画出了比特币系统的基本构架，一年之后，他又为这个系统建立了一个开放源代码项目，至此，比特币正式登上世界舞台。在随后极短的时间里，越来越多的人对比特币产生了浓厚兴趣，但中本聪却莫名其妙地消失在了公众的视线里。

兴致勃勃的拥戴者们是绝对不允许中本聪就此归隐的，学术界还有部分疑问有待首创者的进一步解答，因此，"寻找中本聪"成了狂热分子的目标。

要想快速找出中本聪，根据当时他在互联网上的遗留痕迹按图索骥或许是一个不错的办法。于是在 2014 年，有一名自称杰弗里（Jeffrey）的黑客攻破了以"中本聪"为名的电子邮箱 satoshin@gmx.com，并且找到地方杂志，将这件事公布了出去。

按照这个信箱中的相关信息，人们找到了出生于 1949 年的日裔美国人多利安·普伦蒂斯·中本聪——一位不修边幅、性格古怪的老人。面对来访者，中本先生表现得非常厌恶和恐惧，他一边否认自己就是比特币的创始人，一边宣称会用报警的方式驱逐这些不速之客。环顾中本聪的住宅，人们发现，这位比特币创造者的经济条件与生活状况似乎并不好。要知道，中本聪手中是持有 100 万比特币的，这可是一笔当时价值 450 万美元左右的巨额财富！

实际上，在更早的时候，一名叫作莉亚·古德曼的自由撰稿人就和多利安见过面了，当时的情况与后来如出一辙，"中本先生"对这位不请自来的访客表示了抗议，他否认自己与比特币的关系，还威胁古德曼，如果古德曼继续在他家中停留，他就会打电话报警。

不过，多利安似乎也与"中本聪"有诸多契合之处，除了姓名重合，他还是一名毕业于加州州立理工大学的物理学学士，同时为军方做过保密工作。在很小的时候，多利安就显现出了过人的思考和逻辑推算能力，这足以证明他有提出比特币实施方案的能力，同时也存在低调潜隐的动机。而且，历史上也出现过很多改写人类历史的天才，他们性格古怪、不近人情，却能够发现普通人不能发现的问题。在一种极端化的思想和人生理念中，他们最终触碰到了新世界的边缘。所以从这个角度看，说多利安就是那位神秘的"比特币之父"也有一定的合理性。

然而，就在多利安的身份问题还没有确认之前，又有数名自称"中本聪"的人出现在了公众的视线里。但是这几位"中本先生"却在部分方面存在无法验证的问题，所以，这几位自称"中本聪"的人，或许并不是人们要找的人。

无论如何，多利安的出现，让很多急切寻找中本聪的人放缓了脚步。但很快，一名叫克雷格·斯蒂夫·怀特的澳大利亚人再次绷紧了人们的神经，越来越多的信息表明，他或许就是那位真正的"中本先生"。

2016 年 5 月，怀特通过媒体对外公布，自己就是人们要找的"中本聪"。从履历上看，这位 44 岁的澳大利亚人年富力强，还拥有一家效益良好的咨询公司，并且身兼查理斯顿大学讲师的职务，甚至在专业技术领域，怀特也颇有成就——他开放了一个邮箱与网络安全人士展开论辩，还出版过有关数据采集和监视控制系统的研究书籍。

为了证实自己的身份，怀特向外界展示了属于"中本聪"的比特币，还公布了一笔发生在 2009 年 1 月的比特币交易。按照历史账本，这笔交易正是人类历史上首次发生的比特币流通行为。当时的情况是，真正的"比特币之父"向一名叫作哈尔·芬尼的人转去了 10 比特币。这个具有历史意义的一步，似乎有力地证明了怀特与比特币的关系。

但是，怀特持有的证据也遭到了外界的强烈质疑，他列举的一系列证据都被专业人士找到了瑕疵。不到一周，怀特就重新发表了声明，表示自己"没有勇气"再证明自己就是中本聪了。在这封面对大众的道歉信中，怀特这样说："我原本希望通过这种方式，让自己从无尽的藏匿和隐瞒中脱离出来，我也确实准备公布出区块链的初始证据。但过去一周发生的事情超出了我的底线，抱歉，我没有勇气继续了。"

从怀特的声明中，我们能够清晰地体会到他站在时代风口所承受的无尽压力。或许对于那些声称自己就是"比特币之父"的人来说，外界的信任远不如否定，难以预估的不速之客将会经年累月地登门纠缠，家无宁日的生活或许会让一个人完全陷入崩溃的境地。

这样看来，那位真正颠覆世界金融的神秘人，或许真的是有意想隐藏自己的身份。而部分想为自己博取富贵的功利之徒，反倒会不顾一切地抓这个机会。目前，除了多利安·中本聪与克雷格·怀特之外，还有 13 位真假难辨的"比特币之父"，他们或者是被外界强加揣测的，或者是"自告奋勇"声称自己就是那位神秘人的。不过按照现在的情况来看，整件事情距离水落石出还很远。

不过，无论人们怎样怀疑、争辩，比特币的大获成功都已经成为事实，它对金融世界的解构与重塑，起到了推动世界经济前进的作用。现在，到底谁才是真正的"比特币之父"似乎已经无关紧要了，强大的系统与前赴后继的研究者已经能够支撑区块链理念与比特币技术的持续发展。或许真的就如怀特在结束自己那段风波时所说，每一个人都是中本聪，生活在区块链体系之中的每一位探索者，都有和中本聪一样的目标和使命。

7. 未来展望：区块链能否重塑世界

短短数年，区块链技术已经从多个角度证明了自己的价值，尤其在经济领域，区块链理念产生的效益更是令人赞不绝口。那么，在人类社会的其他方面，区块链是否能带来更多帮助呢？

2009 年，洪都拉斯警方将一名叫玛琳娜·卡特里娜·伊莎奎尔的妇女从她那所破旧的小屋里驱逐了出去，原因是按照房屋委员会的文件资料，此房屋另有他主，而警方责令伊莎奎尔搬离，也正是受到了"原房主"的委托。不过，支持伊莎奎尔的一方却声称在过去 30 多年时间里，伊莎奎尔一直都居住在这里，她才是这间屋子的真正主人。更为重要的是，伊莎奎尔手中还有房屋证明！

事实上，像伊莎奎尔这样的争议纠纷，生活中随处可见。很多时候，由于"中间人"消失或其他原因，利害双方缺少可信任的沟通环境，相互推诿、抵赖就成了常见的现象。更多时候，外界也无法确认谁才是此次争议的受害者，于是，"误判"就在所难免。

不过，类似的争议在区块链模式下是不可能发生的。因为分布式公共记账要求所有节点针对交易事实进行登记与核实，这将会在争议发生时起到良好的公证作用。就以"伊莎奎尔事件"来说，假如那所房屋的真实归属权都被全国人民记载在了自己的账本上，那么有关房屋归属的争议也就不复存在了。或许有人会认为，区块链是一个经济学领域概念，将它引入到其他行业，就会引发种种不适。在这里，我们需要再次强调的是，区块链绝对不只是一个单纯的经济学理念，它最大的功能实际上是帮助人类解决了沟通协议中的"信任问题"。在区块链技术的帮助下，诸多不可信因素和可疑分子都会被排除在保护目标之外。

比如说，我们可以根据区块链技术理论拟定出""智能合约""。按照区块链系统的相关规定，合同双方必须在公共环境下宣布合作的达成，同时，区块链内部的所有节点都会将本次合约的相关要点记录下来。由于是分布式存储，假如有人想篡改本次合同的内容，那么他必须掌控多达51%的节点。但是在一群彼此独立、缺乏利害关系的节点中，同时控制超过一半的参与者实际上是非常困难的。更重要的是，区块链中的节点数量是非常庞大的，因此其安全系数也非常高。

所以说，使用区块链技术生成的"智能合同"，甚至不需要第三方介质的参与，甲乙双方就可以完成点对点式的合作。未来，大量中介服务类工作将会消失；集中化教学或许会被真正的"社会学"代替，人人都是教师，人人也都是学生；医生可以通过区块链技术查阅病人的病史与就医情况，并借此做出更为合理的医疗方案……更为重要的是，在物联网社会成为世界各国奋斗目标的时刻，区块链技术的出现完美地解决了物联网体系中最为关键的信任问题。如果说物联网时代是一个全新的数字世界，那么区块链就是人类打开数字世界大门的关键钥匙。

当然，对于区块链技术的"高明之处"，依然有不少人持反对意见，他们认为，就目前而言，区块链技术体系还存在诸多需要解决的难题，比如吞吐量受限、为保证信任而导致的工作效率低等问题。然而，任何一项新技术都需要经历完善与补充才能趋于成熟。当我们打开笔记本电脑的时候，又有多少人会想到数十年前的计算机是怎样工作的呢？区块链理念从提出到现在，不足 10 年时间，还会有更多的探索者前赴后继，为它的完善和革新做出贡献。

这样看来，人类距离真正的"数字地球"已经不远了。当需求产生的时候，我们可以直接找到解决办法，不必再寻求"中间人"的帮助。我们甚至可以更加大胆地预言，在区块链技术理念的帮助下，人类将会迈向一个完全由数字与符号控制的世界。

第二章

"创世区块"的算法

——怎样使用前沿科技构建无往不胜的新型网络

2005 年以来，大数据持续呈现爆炸式增长，大数据的出现，使我们可以预测未来，看清经济发展的趋势。通过对结构化数据和非结构化数据的整合，决策者可以获得更多的参考，并且大数据衍生出来的人工智能技术也正在改变我们的生活。

要想打造完美的区块链系统，光有海量的数据还不够，还要有尖端的算法进行数据分析。我们看到机器人战胜了世界围棋冠军，却不知道机器人取胜并非易事，它需要超强的计算能力作支柱，而这种计算能力让人难以想象。可以想象，未来的算法将会成为我们生活和生产的重要助力，各种新闻和财务报告也都不再需要撰稿人员，一个强大的算法程序就可以完成所有工作。

而在区块链中，算法更是起到了重要作用，无论是共识机制、"智能合约"还是散列函数，都需要运算的支持。如果说区块链创造了更好的商业模式，数据继续优化了整体环境，那么算法就是连接区块链和大数据的桥梁，是改善营收的关键。

1. 为区块链系统保驾护航的"可信任计算"

区块链也可以被看作一种极具特点的计算机技术，它以数据库技术为依托，以椭圆曲线数字签名算法为基础，实现 P2P 形式的系统设计，这决定了区块链并不会局限于比特币。现在，我们谈论到区块链时，关注更多的还是"可信任计算"技术，这项技术使区块链的应用广泛起来。

我国著名区块链技术产品服务商布比网络公司的多位技术人员表示："区块链可以生成一套记录时间先后的、可信任的数据库，这套数据库是去中心化存储，而且数据安全能够得到有效保证。"从概念上分析，"可信任计算"早在区块链出现之前就已经存在，其目的就是制定一些超越安全规则的特殊安全机制，用于执行特殊任务。早在 20 世纪 70 年代，人们就为可信任计算做出了不懈的努力，包括硬件、操作系统和应用程序等方面的探索。

广义上的"可信任计算"技术，是指在通信和计算设备中普遍适用的可信计算平台，它以硬件安全模块为基础，目的是提高系统或设备的安全系数。可信任计算包含五大关键技术。

（1）签注密钥。该技术由私有密钥和公有密钥组成，二者均为 2048 位。出厂前，密钥的芯片会随机生成，并由芯片包裹住密钥，芯片可以保存密钥中的加密和认证信息。

（2）安全输入/输出。这是计算机用户和与之认定的软件之间的受保护通道。因为区块链系统的用户终端中可能存在许多恶意软件，而这些恶意软件能够轻松地将用户与服务器端来往的数据截获和监听。

（3）存储器屏蔽。该技术融合了很多存储保护技术，提供了许多完全封闭的存储区域。例如，密钥的位置被屏蔽后，连电脑的操作系统也没有权限访问这些区域。也就是说，黑客即便能依靠区块链系统的传输通道控制用户的计算机，也无法轻易窃取密钥信息。

（4）密封存储。该技术就是把软硬件平台的内部配置数据和用户的私有数据融合到一起存储，这就表示，只有在软硬件平台与用户信息同时存在的情况下，信息才能被读取。例如，某位用户在电脑上存储了某比特币的交易信息，而他的电脑没有被区块链系统授权，那么他就无法通过这台电脑查询这笔交易信息。

（5）远程认证。这是个非常重要的技术，就是允许用户计算机上的变化被授权公司感知。例如，有些用户可能背着区块链系统或服务器进行违规操作。当这种动作发生时，电脑就会自动生成一份证书，并自动传送给授权方（区块链系统），若上传的证书与原证书不符，则证明用户此时正在进行破解密钥等违规操作。

区块链内部的可信任计算技术虽然严密，但也并非没有漏洞。因为可信任计算技术依赖于 SHA 表，而 SHA 表的大小又和成组的素数有关。另外，因为被映射空间的大小是素数，所以 mod 运算必须使用素数。

众所周知，2、3、5、7、11、13……是我们已经知道的素数的位置，但是要想知道比 13 还要大的素数就有些难度了。利用梅森素数，我们可以依靠穷举得出 48 位素数。如果有一个人可以计算出第 49 位素数，那他可以立刻获得美国电子前沿基金的 10 万美元奖励。如果有余力，他还可以利用某种算法得出第 50 位素数。这样一来，他就完全有能力取走市面上流通的所有比特币。这是多么可怕的事！

也就是说，素数分布和梅森素数分布是否有规律，我们还无法得出确切的答案。如果将来确定其分布没有规律，那我们就不必担心可信任计算技术的安全性，反之，该技术的安全性就有待考虑了。另外，并行运算也是可信任计算技术的大敌，它可以将比特币的穷举时间降低，甚至消除比特币或模拟出一些"山寨"比特币。

从宏观的角度来说，可信任计算技术为区块链系统提供了一个极为广阔的安全空间，它从各个视角分析任务的安全方面，保证用户在一个绝对安全的环境中操作。但是，很多有名气的科学家也对可信任计算技术表示反对，因为他们觉得，这很可能会让服务商有更大的权力去限制用户使用计算机；还有一些人则认为，可信任计算的出现限制了软件市场的自由竞争。虽然这在一定程度上是一种弊端，但可信任计算的确是区块链系统不可多得的技术组成部分。

例如，传统的医疗保健行业以前用的都是普通的计算机算法加密，黑客在

30分钟之内就可以破解。这导致了患者的私人信息泄露事件时有发生，所以医院的中心化数据库管理显然已经不合时宜了。而现在，很多大型医院采用基于可信任计算的区块链系统，实现了患者信息的安全保存。基于可信任计算的区块链系统更像一种机制，这种机制可以运用到房地产、汽车、金融等多个方面。也就是说，任何缺乏信任的行业或领域，都能够应用这种机制。

2. 共识机制，引领区块链高速奔跑的超级涡轮

我们可以把区块链看作一个由中心分化而成的账本系统，不仅可以用于发行数字化资产和积分，还能以点对点的形式进行交易、支付或转账。但是，点对点网络存在网络延迟的缺点，各个网络节点检测到的任务不可能保持同步。因此，区块链系统内部需要一种可以让不同节点中的任务达成共识的机制，即区块链的共识机制。

随着社会的发展，区块链的共识机制也因为应用的增多而逐渐被人们熟知，商业银行、监管机构等部门，都离不开共识机制。而针对社会信用环境相对较弱的情况，区块链的共识机制提供了一系列廉价的信任解决方案。

不过，以上只是从宏观进行把握，其实，技术层面的共识机制才是当前最主要的也是未来应用最广的机制。技术层面的共识机制种类非常多，适用于不同的环境，其中每一种共识机制都不是完美的。

（1）工作量证明

该机制主要依靠穷举等数学运算获得记账的权限，对系统资源的消耗非常

高，不易监管。而且，每次达成共识都需要整个区块链网络同时参与计算，这会降低一部分效率。更为重要的是，比特币已经利用了全球大部分该共识机制的资源，这导致其他用此机制的区块链难以获得同等的计算能力。而挖矿又会造成极大的资源浪费，致使共识达成的时间无限延长。

不过，该机制的优点也很明显，那就是完全去中心化，节点可以灵活进出，且允许全网 50% 的容错率。这是相当有利的，该机制的应用范围主要就是比特币的交易。

工作量证明机制就像一种彩票游戏，平均每 600 秒就会有一个节点搜索到一个区块，如果两个节点同时寻找到一个区块，那么区块链就会按照后续节点的情况来决定依照哪个区块建立账本。尽管这使得长度更长的区块链出现的概率变得渺茫，但只要有人具备大量的经济资源，就可以人为地制造出一个更长的区块链，并具备足够的散列算力来冻结这个账户。

（2）权益证明

该共识机制在 2011 年被提出，其核心理论是节点拥有权益与节点记账权成反比。相对于工作量证明机制，权益证明机制在一定程度上减少了资源的消耗，性能也有所提升。但其可监管性依然不强，所用的记账方式也是老式的散列运算竞争法。在容错性方面，权益证明和工作量证明一样，也是 50%。

权益证明机制的优点是在一定程度上减少了挖矿所需的资源，缩短了共识时间。不过，挖矿的步骤依然没有省去，安全性也偏低。

（3）股权证明机制

该机制可以用最直接的方法来证明所有者所拥有的股份，虽然其中有许多变化，但产生区块的难度和用户在网络中所占的权重比例永远不会变。股权证明机制不需要进行挖矿操作，即"创世区块"中就已经存在股权证明，之后可以对股权证明进行转移，但不能用来挖矿。到目前，已经有两个大的系统开始运营，分别为"未来币"和"点点币"。

点点币相对来说具有混合性，利用用户的股权来调整挖矿的难度。未来币则是使用一种确定性算法，随机挑选一名股东来产生后续的区块，未来币的计算方法和用户的账户余额被选中的可能性有关。未来币和点点币完美解决了生产后续区块的问题，但对于实现区块不可逆的安全性没有丝毫帮助。

在基于交易的股份授权机制中，每一笔交易都具有在区块链中前一个区块的散列数值。通过这个设备，对任何人来说，网络的安全性增强而且无法被逆转。因为到最后，每一个区块都需通过股东的投票产生。但是，共识机制没有选择下一个区块由谁产生。

在我们生活的物理世界中，股权证明是最常见的，最简单的当属股票。股票是用来记录股权证明的，也代表了收益和投票的权利。股票被制造出来后，除了增加发售，我们无法使股权的数量得到增加。而得到股票的唯一方法就是转让，当股权从创世区块中被分发出去时，被交易者的买卖就逐渐分化。

（4）投注共识

该机制靠块达成，而不是像传统的机制那样靠链达成。投注共识的最大不同点就是加入了惩罚机制，这就能抵御大部分的非法节点。因为这类节点在交了保证金，准备攻击网络的时候，很可能会得不到交易费，甚至被没收保证金。

该机制下的身份验证需要投注和出块两个步骤。投注的过程最复杂，它模仿古拜占庭容错共识，并检测其他验证人的投注情况，最后在33%处取值，并向1或0进一步移动。而出块是一个独立于其他所有事件的流程，验证者采集交易信息，当达到他们的出块时机时，他们就会创造出一个区块，并签好名字，最后发送到网上。

（5）瑞波共识

该机制可以使一组节点与列表达成完美的共识。刚开始出现的节点就像一家公司，要接纳一个新董事，就需要51%的董事会成员投票同意。瑞波共识坚持这种规则和权利，而董事会之外的成员则没有这种权利。由于该公司是由中心化起步的，如果中心出现问题，所有的董事会成员都无法工作，所以，它的缺点就是中心化程度太高，牵一发而动全身，虽说效率高，但也更容易崩溃。

瑞波共识机制的优点就是可以实现无代币工作，借助分布式一致性算法，可以使共识验证效率飞速上升。

（6）实用拜占庭容错

在区块链系统的计算过程中，不同的计算机交换信息，然后达成共识。但在某些时候，系统计算机和成员计算机有可能因为各种未知的错误而导致信息被错误交换，从而影响系统的稳定性，如果没有好的容错率，整个系统就很容易崩溃。

该机制的算法总体流程为：客户端向节点发送调用服务操作的请求，主节点通过广播将请求发送给其他副本，然后就开始三段任务，即预备阶段、准备阶段和确认阶段。

（7）授权拜占庭容错

这是一种应用比较广泛的共识机制模块，它对拜占庭容错算法进行了较大的改进，使其能够在区块链系统中得到很好的应用。

这个机制的优点非常多，不仅实现了专业化的记账功能，还可以接受任何形式的错误，使容错率达到巅峰。另外，记账由多人分工协作，使得每一个区块都不会分叉，其算法也具有非常高的可靠性。

可惜的是，该机制的缺点也不少，例如，如果有三分之一以上的记账人停止工作，系统就不会再提供服务。当然，如果有三分之一以上的记账人联合起来搞破坏，那就会使系统出现分叉，后果不堪设想。总体来说，该机制最有特色的一点就是可以最大限度地确保系统的完整性，使区块链真正应用于金融场景。

除此之外，还有一些小型的共识机制，比如由 Intel 公司创建的彩票协议消逝时间证明、解决交易定局需求的仲裁投票、基于选举领导者共识机制的 Paxos 和基于传统分布一致算法的 RAFT。每个共识机制都有各自的特点，我们要针对不同的情况，选择相应的工具。

（8）授权股权证明

该机制由比特股公司首先提出，它由代理人监管和记账，无论是容错率还是资源消耗，都与工作量证明类似。其中，"去中心化"是指每个股东凭借自己拥有的股权数来获得一定的控制力。每个股东可以将自己的投票权交给一名核心人物，而获得投票数最多的核心人物可以按照时间顺序产生区块。如果某个区块含有 100 股作为交易费用，那么里面的核心人物将会获得 1 股的奖励。

授权股权证明机制的基本工作流程是成为代表、授权选票、保持代表诚实和抵抗攻击。这种机制的优点就是可以最大限度地缩减参与验证的节点的个数，减轻区块链系统的负担，使共识验证的速度达到秒级；缺点是，整个共识机制对代币太过于依赖，而很多商业化的交易却不需要代币。

我们也不能排除网络延迟导致的区块广播滞后现象，这很可能会导致区块链的分叉现象。然而，这种情况的发生概率并不大，因为制造区块的代表可以彼此互相连接。这样就相当于确保了代表可以确确实实地得到报酬。这个模式可以每半分钟产生一个新区块，即便发生了区块分叉现象，也会在数分钟之内得到有效解决。

授权股权证明机制是一种新的保障加密算法，它不但解决了传统的工作量证明机制和股份证明机制的问题，还可以通过实行科技式民主来解决中心化的负面效果。通过引进委托者这样的角色，该机制一共有 101 位委托人通过网络上的交易投票产生，他们的主要任务是生产区块。通过去中心化的投票进程，该网络可以让别的系统更加自由民主。这就相当于通过技术措施来保证委托人正确工作。

3. 分布式运算让"全球运算"成为现实

分布式运算是一种运算方式，与集中型运算正好相反，随着微电脑技术的广泛应用，有些软件的运行会耗费巨大的资源和计算能力。这时候，集中式的运算根本无法满足要求，所耗费的时间也不是我们可以接受的。而分布式运算却解决了这个难题，它可以将各种应用分成许多小块，分发给不同区域的计算机进行处理，极大地提高了工作效率。

随着区块链系统的完善和发展，分布式运算技术得到了应用，使全球运算成为现实。具体流程是，将需要进行大幅度运算的任务信息分成一个个小块，由无数台小计算机分别运算，运算结束后，将结果统一整合。

法国区块链企业"征序"在 2016 年 10 月推出了基于区块链分布式运算的平台 iEx.ec，该平台建造了一个虚拟的云计算分布设施，覆盖了整个世界，其目标是实现全球运算能力整合，并将剩余的计算能力交给有需要的用户，减少算力的浪费，更好地利用资源。同时，这些分布式的设备分布广泛，而且都能产生一定的热能，而这些热能正好可以利用到别的地方，在一定程度上实现了零污染。

其中最典型的应用环境是，通过对低价格的元计算中心或平台进行租赁，或者收集全球个人空闲的处理器资源，放置在 iEx.ec 平台，然后利用该平台进行资源整合，租给迫切需要算力的中小企业用户。这样既能为平台所属公司带来价格差的盈利，也能通过提供各种高级服务实现更大程度的发展。

该项目现在已经入驻中国清华经营创业者加速器，而中国很快就会成为亚太地区的分布式运算系统中心。与其他云计算项目不同的是，基于分布式运算的区块链系统的热能回收功能非常强大，甚至可以利用计算机集群的处理器热量为城市的楼房提供供暖的热能。这在区块链系统历史上还是首次。

分布式运算系统的工作方式就是利用项目一方，把一个大的计算任务分成小的任务块，然后通过发达的计算机网络发送给用户进行运算，用户使用完后，还可以通过网络将少部分资源和计算结果发回给服务器方。

该系统可以扶助一切缺乏研究资金，但对社会作用巨大的研究项目，从而加快人类的科学进步，调动世界上一切可以调动的算力。对于整个社会的科研项目来说，分布式运算也有明显的局限性，因为它必须通过运算来解决部分或全部问题，而有的项目只有少部分需要运算，或者干脆不需要运算；再加上分割成的每个小计算机能力有限，所以分布式运算不适用于大部分科学项目。

对于使用者来说，项目的运算能力是其次，首要问题是这个项目平台是否值得信任，如果平台出了问题，使用者将遭受致命的损失。信任及安全问题包括两方面，一是从平台上下载的计算程序要在自己电脑上运行，使用者必须要确保平台一方不会利用这个程序取走或修改自己电脑上的数据信息。

另外，个人电脑有一定的寿命，当个人电脑既做日常事务，又进行分布式运算时，很可能会给电脑本身增加巨大的软硬件负担，而机器的损耗无疑又是一笔成本。对于平台一方来说，参与分布式计算的成员不是自己的员工，所以有可能混入黑客，如果这些人恶意作弊，那也会造成一定的损失，尤其是区块链系统。

分布式运算项目可以充分利用中央处理器、内存、显卡的空闲资源，但会占用一大部分硬盘空间。由于各个项目之间的差别较大，其内存的使用量也很大，尤其是生命科学类的项目，不仅需求高配置，还会产生非常高的热量。

分布式运算在内存的使用方面比较灵活，如果电脑本身的内存不多，那么运行计算程序将会减少占用的内存空间。对于多线路多核心的系统，每个中央处理器都会分摊到一个计算程序，此时，对内存空间的消耗将会剧增。

在区块链系统中，分布式运算有时需要在硬盘内存放用户的各种程序和任务单元，不同的应用对硬盘的利用并不一样。例如，对天气进行监测分析的项目需要更多的硬盘空间，而且对虚拟内存也有不小的要求，好处就是无需频繁读写数据，使硬盘更耐用。

不少项目会给用户提供屏幕显示和保护程序，这会在一定程度上增加显卡的负担，也会带来不小的电力损耗。而显卡核心过热等散热问题也是应该考虑的。

有些时候，中央处理器会带不动运行项目，这就需要将中央处理器通过技术手段进行一定的超频处理，并保证配置资源的消耗在电源的额定范围内。如果电脑长时间处于超频工作的环境，那么即便其他硬件能支撑住，电源也不一定能平稳工作，而电源的故障又和其他部件息息相关。

基于区块链系统的项目对网络的需求并不高，工作文件和计算程序并不大，在项目运行过程中，只需要下载新的工作任务和上传运算结果就可以。

分布式运算项目看上去和电脑上的其他运行程序没有什么不同，但它却有灵活的优先级自动调节功能。通常，它会占用计算机所有的运算资源，但当电脑操作者在该设备上进行其他任务时，分布式项目计算程序就会自动让出运算资源，待其他任务完成后，再继续回来工作，并可以根据用户的需要，在用户端的本地设置中设定任务的优先级，并直接调整 CPU 的资源比例。

4. 基于散列算法的加密技术

所谓散列算法，就是一些关于数据碎片的散列值的运算方法。高端的散列算法能够在输入的信息中进行修改，并改变散列值中每个比特币的属性。所以，散列算法对于检测消息在大型数据对象中的动向非常有用。

另外，高端的散列算法可以使两个独立的具有同样散列的输入法通过运算方式实现统一。一般的散列算法包括 MD2、MD4、MD5 和 SHA-1，在日常工作和生活中，最常见的是 MD5。例如，我们去某个网站下载操作系统前，网站方都会提供一个 MD5 码；下载完成后，我们就可以利用校验软件查看下载到自己电脑的软件 MD5 码和网站方提供的是否一致。如果一致，下载的文件就是完整无误的，否则就说明中途可能有篡改或断链现象。

散列算法中的计算方式遵守——对应的原则，例如，有 5 个数，分别为 12、25、30、45 和 50，这 5 个数的十位数都不相同；再设置一个散列函数，如 $f(value)=value/10$。通常情况下，我们找寻 50 要对比 5 次左右，而利用散列函数则需要一次，其解散列函数为 $key=50/10$，要找寻的数就在第 5 个位置上。

但是也会遇到很多问题，例如，当我们找寻 55 时，就容易出错。所以，散列函数设置好后，我们并不能高枕无忧，因为庞大的数据量会造成各种矛盾和冲突，这就需要我们想方设法调和这种矛盾。

在互联网信息技术中，我们经常需要检验数据的完整性，散列函数就可以完美解决这一点。无论输入数据的长度如何，输出的数据长度都是统一的，这种固定长度的输出就叫作输入数据的"散列"。用于区块链系统的稳定的散列函数需要具备这几种属性："H 能够应用于大小不一的数据""H 能够生成固定大小的输出""对于任何给定的 X，$H(X)$ 的计算相当简单""对于任意给定的代码 H，要发现满足 $H(X)=H$ 的 X 在计算上是无法成功的""对于任意给定的区块 X，要发现满足 $H(Y)=H(X)$ 的 $Y=X$ 在计算上是无法成功的""要发现满足

$H(X)=H(Y)$ 的 (X, Y) 在计算上是不可行的"。

散列算法是从任何一种信息中创建小型数字指纹的办法，散列算法把数据或信息压缩变小，并以一定的格式保存下来。散列函数将信息打乱并重新整合，重新制作一个散列值，散列值在一般情况下由一个相对较短且无序的数字或字母组成。

制作精良的散列函数几乎不会在输入域中出现矛盾冲突，在散列表中，如果将一种矛盾的步骤省略，将会极大地影响数据库记录的找寻。

任何一个散列函数都有这个特点："如果两个散列值是不相同的，那么，这两个散列值的原始输入也不相同。"这个特点是散列函数的特定结果，具有这种特性的散列函数叫作单向散列函数。但是，输入和输出在散列函数中并不是一一对应的关系，如果有两个散列值是相同的，两个输入值可能是统一的，但也可能不统一。我们把这种情况称作"散列碰撞"。

高端的散列函数都存在无限定义区域，比如任何长度的字符和字节或一定长度的比特串。在某些情况下，散列算法可以被制作成具有同等大小的值域与概念的对应，一一对应的散列函数也叫"排列"，使用一系列输入值的混合计算可以得到可逆性。由于散列函数的多样化特性，可以为某一个项目专门设计一套函数。例如，加密散列函数需要搜寻一个具有相同散列值的对象，那么，一个高端的加密散列函数就可以实现完全单方面的操作。

对于一个固定的散列数值，没有哪种办法可以得出一种最根本的输入。也就是说，数值很难被仿造。为散列加密而设计的函数，如 MD5，被广泛用于检验各种软件和应用，错误监测和修改函数则主要应用于鉴别数据被随机的进程所打乱的事实。散列函数可以当作一种非常简单的验证方法，如用比较短的散列数值来监测任意长度的数据是否被破坏和修改过。

5. 基于散列函数的区块链系统实战

随着现场可编排的阵列技术的飞速进步，设计者对于知识产权保护的要求越来越高。当比特流在外部硬盘和 FPGA 之间传输时，它才可以被捕捉到，而使用这样的比特流可以自由组合 FPGA 配件，进而可以在未经许可的条件下非法复制 FPGA 设计。而基于 FPGA 系统的成本高昂，因此，编程者应当想办法让未被允许的终端无法复制这些配置。这样，设计者的资料才能被保全。

在一些优秀的 FPGA 中，需要支持对配置数据集合的机密控制，只有当 FPGA 中包含同样的密钥时，这些数据流才可以工作。但这类加密方式在很多应用环境中都不实用，我们可以应用一种以安全散列函数为基础的算法来防止违规复制。这种算法对 FPGA 的所有项目都适用。当然，也有一些低级的、不具备嵌入式比特流的加密手段的 FPGA，这就需要在项目工作时应用安全辅助芯片，以便有效保护设计者的心血。

安全散列机密技术一般可对长度不超过 264 位的消息和 160 位的消息摘要进行输出，其工作流程如下：

（1）在 FPGA 内部创造随机数生成组件，用于产生概念 Q，并经过总线发送到芯片之中；

（2）芯片内部有一个由开发者设置的密钥，该密钥组合成一个散列算法对信息 Q 进行加密，产生一个响应 A；

（3）FPGA 内部产生一个令人期待的回应 E，推断该响应的期望值是否与芯片的真正响应 A 一致；

（4）如果 A 与 E 一致，则推测该设计为正版授权，反之则为盗版，不可信任；

（5）最后，FPGA 程序可以对盗版的设计做出程序上的锁定和功能减少。

抛开 SHA-1 本身所具备的安全属性，以上方法的安全性主要取决于密钥，而该密钥几乎不可能从安全硬盘和 FPGA 中读写出。更进一步，该密钥无法在 FPGA 中进行匹配。利用窃听其配置数据流的手段来发现，这就好像从一个可执行的程序操作破解整个操作系统的基于 C 语言的源代码一样，这将会是一个非常艰难的任务。

另一个非常必要的因素便是随机质询设施。一个可以检测的质询设施可以引出一个可监测反应结果，而结果具有可记录的性质，然后由一个微控制器来取代硬盘存储。在这种可监控的情况下，微控制器可以让 FPGA 觉得它是一个友方电路板，而随机的质询机制可以去除这种可能。

光有工作流程并不完整，为了更好地进行加密工作，我们还要了解必要的系统设计，散列算法的系统设计需要满足以下特点。

（1）不可逆，即从一个散列结果逆推出的相关联的输入数据不能用于计算。

（2）抵挡"碰撞"，即使用另外一组输入数据来产生同样的散列也有不可行的结果。

（3）"雪崩效应"的高涨，输入数据不论如何变化，都会最大限度地干扰最终结果。

DS28E01 和 DS2423 是 DALLAS 发行的内嵌 SHA-1 算法的硬盘，这些器件的 1-Wire 接口对这样的应用非常适合，因为它们只需 FPGA 的一个针脚来实现这些功能。DS2432 有这几个数据组件：64 位光刻 ROM、64 位暂存器、4 个 32 字节的 EEPROM 页、64 位寄存器页、64 位密钥硬盘、1 个 512 位安全散列算法引擎。

与此同时，FPGA 利用 DS2432 的安全属性实现了以下功能。

（1）SHA-1 引擎。这个组件可以计算 SHA-1 算法，进行安全验证，接受安全硬盘通过线路口传送各种数据，将其和 MAC 端的结果进行比对。只有当散列计算结果和安全硬盘的 SHA-1 引擎中的结果一致，系统才能正常运行。

（2）当复位信号位置在 SHA-1 引擎时，随机数发生器为该组件创造一个随机数。SHA-1 参与设计了一个 8 位的随机数发生器块，SHA-1 引擎模块处理这一 8 位随机数，使之转化成 40 位随机数据，并进行散列运算。

（3）1-Wire 接口。这一组件支持 FPGA 中参照设计和安全硬盘之间的信息传送。1-Wire 总线系统由一个总线主机和多个小组件构成，在这类程序中，DS2432 作为从组件被使用，总线主机通常是一个微处理器。1-Wire 总线程序可分为 3 个步骤，即硬件配置、处理流程和信号类型时序。

对于每一个制作单元，所有的开发者必须提供一个正规的预备编撰加密的 EEPROM，这种一一对应的关系限制了开发者制造授权商品的量。另外，为了防止生产方修改加密文件，设计者也可以对密钥进行写保护操作。这就在设计上保障了只有在了解密钥的情况下，才能更改硬盘中的数据，即 FPGA 可以依照受 SHA-1 保护的加密硬盘中读出的信息来关闭和开启 FPGA 的很多功能。

6. 区块链携手大数据：1+1 > 2

我们可以把区块链技术看成用一种去中心和去信任实施的方式，支持一个可以依赖的数据库的解决方案，这就注定了区块链和大数据之间的重大联系。可以这么说，在未来，大数据获得突破性进展的关键就在于区块链技术。各国的专家经过研讨，将数据发展分为 3 个阶段：

（1）无序数据阶段，该阶段没有经过充分的删选和检验，互联网刚刚兴起的时候就是这样的状态；

（2）伴随着社交网络的逐渐成熟和大数据的兴起，所有的数据都可以进行检验和推送，并根据质量进行鉴别，这些数据从无序变得有规律，并能通过一定的算法进行排序和筛选，目前的搜索引擎技术就是对数据的一种有序编排；

（3）在区块链技术的推动下，区块链系统的很多数据都可以通过世界共识机制进行可信赖的考量，使人们可以获得真实有效的数据，搜寻的精确度也有了前所未有的提高。

这 3 点也表明了数据库经历的 3 个阶段，即关系型数据库、非关系型数据库和区块链数据库。在互联网刚刚兴起的时候，关系型数据库得到广泛使用，Office 软件中的 Access 就是典型的关系型数据库。从 1970 年到 2000 年左右，关系型数据库的概念得到长足的发展，逐渐成为了数据库的主流。简单来说，关系型数据库就是一个二维表之间的联系结构性数据的集合。

但是，随着互联网的发展，大数据时代到来，关系型数据库在面对大型网站时已经显得力不从心，其最大的劣势就是无法应对海量数据。这时候，非关系型数据库 NOSQL 应运而生，它具有高度的扩展性，可以解决大规模的数据集合和整合不同数据。

但是，随着物联网时代的到来，全球的联系越来越密切，同时人们对安全信任的需求也越来越高，一个欠缺安全性的系统永远不会得到人们的关注和重视。主流的非关系型数据库的内部都是封闭且中心化的，这样的架构注定只能在小范围内互动，根本解决不了大范围内的信任问题。而区块链技术的去中心化思想可以解决海量数据的信任问题，从而加快全球信任机制的建立。

区块链技术作为一种分布式数据技术，它能组织区块链网络中的所有节点共同进行数据的存储和运算，并且相互验证数据的可靠性。从这个方面来讲，区块链技术又是数据库技术的一种。这样的数据库可以实现第三种数据类型，即可获得以网络共识机制为基础的可靠性数据。虽然互联网已经进入成熟阶段，但大数据同区块链一样，还处于懵懂期，而区块链数据库的出现就相当于大数据的养料，可以使大数据茁壮成长。

随着区块链数据库发展，互联网会真正进入强信任时代，那时候，网络中所有的数据都会具有高精度和高质量。对此，任何人都无需质疑，这才是我们的理想状态，而实现这些的关键，就是让区块链数据库成为大数据的重要安全机制。

人类社会未来的信用基本来源于大数据，大数据下的金融是互联网金融的重要发展模型，需要将各种非结构化数据和结构化数据集合起来，进行实时筛选和分析，为各大金融机构的消费者提供最全面准确的信息，精确判断消费者的行为，从而使金融服务机构和平台在数据整合方面获得突破性进展。

　　京东白条就是根据消费者在京东商城的消费记录做出一定的信用评估，然后给消费者一个贷款额度，这个额度不是固定的，而是根据客户以后的消费信用情况，实时评估和更新信用度，从而提高或降低贷款额度。京东白条的出现在一定程度上也是因为京东公司掌握了交易的大数据，使得传统信用成本大大降低，不需要经过太多繁琐的步骤就能准确评估用户的信用状况。

　　显而易见的是，大数据系统可以构建出每一个人的信用中心。但目前，这只是一个美好的愿景，实现这个愿景的关键就在于改变现在的区块链网络并没有完全覆盖大数据，而各大电子商务公司处于"各自为政"，互相垄断信息的现状。这其实就是一种中心化的账本中心，只会形成数据的断裂。

　　另外，人们的数据所有权很大程度上得不到保证，私人数据往往不被自己控制。例如，我们每天使用的聊天工具就融合了大部分的有用数据，这是用户的重要的信用资源，只可惜，目前这部分资源只有腾讯等公司拥有。将来，当这些数据在区块链中注册并建立信用时，其价值甚至会超过房产证明。

　　在数据全球化的时代，如果互联网公司还是牢牢攥住自己的数据不与外界互联，全球化的信用体系还是很难建立，至少无法实现完全去中心化，因为每个互联网企业都会以自己为中心，形成一个集权的小天地，这保障不了大多数人的权益。大数据只有走进区块链，并完成加密，才能真正成为属于个人的信用资源。这是未来的走向。目前，区块链系统的加密技术已经有了突破性进展，未来，人们的生活、交易和工作数据完全可以存储在区块链之中，共同构建一个完整的信用体系。

　　现在的医疗行业目前正面临着严重的数据问题，传统中心化的存储方式正面临严峻的挑战。医院的账本从一开始都是保密的，从来不会对外界公布。这是人的私心使然，要让他们自觉地公布这些数据，恐怕难上加难。但如果放任这种行为，就会严重阻碍医疗信息的传递和交流，这对世界医疗体系的建立是非常不利的。

在国内，绝大多数人没有私人医生，患者在医院想调取自己的治疗记录是非常麻烦的，其中的利益链更是盘根错节。即便是在发达的西方国家，人们调取自己的医疗记录也需要私人医生的许可，当遇到紧急情况而私人医生又不在身边时，记录的调取就无法完成。

另外，由于医疗技术的发展，几乎每隔一段时间就会有新的科研项目出现，如果数据都是封闭的，那就很难使医学家跟上国际医疗研究的进程，这对医学领域的长远发展是非常不利的。

同时，医疗数据目前存在着非常严重的安全问题，黑客只要掌握了基本的技术，就能通过医院的安全网络，修改或删除病人的电子病历并使其无法更新，这很可能会导致误诊。而一旦出现问题，医院为了逃避责任，也许会严密封锁这部分数据，这就会使数据出现大量的不吻合现象。这种连锁反应很容易造成整个医疗体系中的生理、心理不健康以及经济损失的后果。

大数据与区块链的结合就可以使以上情况得到巨大的改善，二者可以为医疗体系提供一个全球性的整合措施，并为医疗行业建立一个全球数据库，在这个数据库中，每一个个体都是值得信任的，全球每一个公司都可以访问这个数据库，而每一个公司看到的数据也是一样的，而且数据绝对准确。另外，由于是区块链系统，没有哪个人可以控制全部数据，也没有哪一个机构可以凌驾于数据库之上而影响数据。这就大大减少了医疗行业中的误诊现象和数据被篡改的现象出现，因为每一个个体都可以参与信息的维护。

不仅仅是医疗行业，保险行业也离不开大数据和区块链的集合。以"水滴互助"平台为例，它实质上是一个重大疾病互助系统，用户只需要花很少的钱，就可以成为会员，然后进行身体审核，只要审核通过，用户就能获得疾病互助权利。当用户身患重大疾病时，最高能获得该平台 30 万的资助，而这笔资金由平台所有用户平摊。这种众筹看似简单，实际上靠的是区块链系统的去中心化模式和大数据的收集。

这种创新型保险模式就是以区块链技术和大数据技术为基础开发出来的，大量用户产生的信息和交易都通过区块链技术进行存储，保证了数据的透明性和不可修改性。而区块链和大数据的融合是必然趋势，它们必然会使各行业出现颠覆性技术变革，进而构建出无往不胜的新型网络。

第三章

拒绝更改的账本

——如何运用区块链技术记录固若金汤的世界账本

区块链采用的是分布式账本，其算法是一次强大且伟大的创新，可以显著地提高生产力。分布式账本在本质上是一个可以在不同的地域、组织和站点进行资产分享的数据库，在其所在的网络中，每一位用户都可以得到一个唯一且真实的账本，当账本出现合法改动时，其他账本中也将同时反映出来。这个账本可以存储实体资产，也可以保存电子资产，它通过密钥和签名控制账本的访问权，并通过共识机制进行同步更新。

分布式账本是一个拒绝被更改的账本，这也就决定了它的发展潜力巨大。在未来，分布式账本完全可以帮助政府完成征收企业所得税、发放社会救济金、发放护照和登记产权等工作，确保政府记录的正确性和服务的全面性。此外，该技术还可以改善医疗服务和社会保障机制，实现公共服务的透明化。

1. 永不穿越的"时间戳"

在区块链体系中，一个事件一旦发生，那么与之相关的经过、结果、参与要素等都会被全网通告，而相关事件也会被打上一个坚实的"时间戳"。历史上发生过很多匪夷所思的争议事件，造假者通过篡改文件的方式为自己谋求非法利益，而他们高超的技术手段又逃过了公众的视线。不过，这种现象在区块链体系当中得到了有效抑制：在去中心化的模型内部，任意事件都会在区块节点中留下印记，只要翻看最初的时间戳，我们就能还原出事实的真相。

2016年夏天对于本菲卡足球俱乐部主席路易斯·菲利普·维埃拉来说，毫无疑问如同是坐过山车一般刺激。在早些时候，他麾下的天才少年雷纳托·桑切斯被欧洲各大豪门球队盯上，诚意满满的德甲豪强拜仁慕尼黑队甚至开出了超过3000万欧元的转会费。而几年前，本菲卡"买"来桑切斯的时候，仅仅付出了"50个足球外加750欧元"的代价！经过一番讨价还价，本菲卡最终以

3500 万欧元的价格把桑切斯"卖"给了拜仁俱乐部。而维埃拉心有不甘，又在本次交易当中加入了一些附带条款，使得合约达到了 8000 万欧元的天价。

但是短短几个月之后，有关桑切斯的争议就出现了，各大媒体、专业人士开始质疑桑切斯的年龄，他们认为眼前这名足球天才并不是足协注册的 18 岁，而是 24 岁！这一揣测很快将桑切斯推到了风口浪尖。同样备受质疑的还有本菲卡与拜仁的高管，尤其对于维埃拉来说，假如桑切斯的年龄真的有假，那么他长期在业内积累下的声望可能就毁于一旦，人们不光会说他"卖假货"，还会嘲笑他当初引入桑切斯的时候就是"买假"。

无奈的是，桑切斯出生在一个离异家庭中，他的监护人并没有妥善地保管好婴儿出生时的资料，也忘记了到地方政府登记注册，所以当争议出现的时候，人们一时没了主张。

不过，一家葡萄牙媒体最终为人们解开了谜题。记者从一所名叫阿曼多拉·辛特拉的医院里发现了桑切斯的出生报告。根据这份报告，人们最终确认了桑切斯的出生年份的确是 1997 年。

实际上，用改年龄的办法获取非法利益是投机者惯用的手法，并且各行各业都屡有发生。所谓"道高一尺，魔高一丈"，很多钻营者还会使用各种方法来误导核查人员，很多时候，只要投机者的准备足够充分，那么他们就可能逍遥法外。不过，类似事件也是可以避免发生的，就以桑切斯为例，假如他当年出生的时候整个葡萄牙都知道了这个消息，那么相关的争议也就不会出现了。或许有人会认为这是一个异想天开的玩笑，但实际上，在区块链体系中，去中心化的全网通告就能够完美地做到这一点。

我们知道，在区块链模型中，每当协议达成的时候，该网络中的所有节点都会记录下本次协议成交的时间。比如说 2022 年麦克从林奇手中买了一只小狗多尼，时间是 6 月 8 日 17 点 33 分 59 秒，那么所有的节点都会详细地记录下这次交易，并且盖上时间戳"2022 年 6 月 8 日 17 点 33 分 59 秒"。

假如一年之后，麦克出于种种理由，想要修改这次交易的时间，同时林奇也愿意合作，那么他们能不能篡改上述交易的经过呢？答案显然是否定的，因为在区块链体系之中，分布式存储记忆移除了权威中心，并且将关键信息都通告了全网，要求所有节点都在"小狗多尼的买卖"上盖了一个时间戳。如果想要修改这条记录，那么麦克和林奇必须要联络到一半以上的节点共同发力，才有可能得偿所愿。

我们再以桑切斯的生日为例，他在医院出生的时候，院方作为权威中心，理所当然地承担起了档案保管的职责。"桑切斯—医院—大众"这三者之间实际上就形成了一次传统模式的信息传递：医院作为权威中心，承担着沟通桑切斯与大众认知的责任。而假如人们用区块链技术来记录桑切斯出生的事情，那么整件事就变得简单且无争议——桑切斯出生之后，全葡萄牙甚至是全世界的人都收到了一份备忘录，并且将这个小册子收好。这样一来，桑切斯的生日很难遭到篡改和质疑了。

所以说，使用区块链技术来记录账本，对于相关事件发生的时间、地点、对象要素等都是非常可靠的。任何协议一旦达成，那么全网节点都会得到通告，并且整齐划一地为这件事盖上时间戳。基于区块链体系强大的健壮性防护，任何人想要修改这些信息，都需要掌握半数以上的节点资源，在大数据资源背景之下，这几乎是一项浩瀚而不可能完成的工程。

2. 无法"瞒天过海"的金融账目

区块链实际上就是由网络上的所有用户都参与记账，是处于最底层的比特币技术。很多区块链专家都表示这个技术是最核心的，因为任何一个存在于互联网上的功能性网站都会有一个数据库，我们可以把数据库当成一个账本来看。

传统的账本都以中心化模式为基础。例如，微信记账依靠腾讯团队，淘宝记账依靠阿里巴巴团队等。但是在区块链系统中，记账工作并不是由某一单独的核心组织来完成，而是由区块链网络中的每一个节点来记账，并且采用竞争的方式，即每个人都有可能参与记账，改变数据库。而竞争的含义就是系统会自动选出在一段时间内记录最快、最准确的节点，把它设定为记账人，它记完账，再把自己记录的账本传送到平台的每一个人手中。所以，区块链技术也称作分布式账本技术。

分布式账本的优点就是去中心化和去中介化，这对于信用普遍缺失的金融界有很大的好处。比如 P2P 领域，很多平台存在虚报营业额、暗箱交易和虚构资产的行为，而依靠区块链技术进行监督，就能有效规避这类现象，并可以对各大行业的平台交易信息进行实时掌控，最典型的就是可以完美解决商家商品虚报的问题。当前，有很多购物平台的商品的交易记录都是虚假的，网贷网站更是如此。这样的问题依靠法律法规治标不治本，因为所有的交易数据都存储在平台的服务器中，只有平台的管理人员可以查看和修改。这种单点记账的方式为商家的弄虚作假提供了很大的便利。而区块链系统则是把单点记账转变为多点记账，取代中央集权式的管制，从而使投资人可以核实商品的真伪，且每一单交易记录几乎无法篡改和伪造。这对监管也是非常有利的。

除了可以进行信息公示之外，分布式账本还可以为金融业提供可以增信的选项。2015年年底，政府要求所有P2P平台选择合适的银行作为自己出借人与借款人的资金存储机构。但是，据相关部门的统计结果，截至2016年中旬，P2P平台与银行签订合约的比例只有5%，其根本原因是银行不愿意承担为P2P背书的风险。

当P2P在银行存管时，银行需要为这个流水做出一定的审核与追踪。这在无形中增加了银行的负担，恐怕哪一家银行也不会愿意无偿做这种"公益活动"。但区块链将有效解决这个问题，因为P2P平台可以在区块链系统中记录数据，以确保信息的准确性和可信任性。而区块链的特性决定了任何数据几乎无法被修改、删除，并通过技术手段解决了由谁来记账的问题。因为区块链是基于算法来背书的，算法是客观的，而以前的机构背书则存在诸多主观因素，并不能完全还原真正的交易数据。归根结底，这是一种去中心化的技术。

在区块链系统中，每一位用户所得到的账本并无二致，这也意味着单一的某个节点根本没办法对数据进行修改。在系统中，如果发现有两个节点的账本不一致，系统就会默认大多数节点所持有的账本才是正确的，而那些与大多数节点不同的账本则会被认为是虚假的，从而被系统舍弃。也就是说，想要修改账本并骗过系统的监督，用户就必须控制系统中的大部分节点。当节点的数量越来越多，而达到以万计数的时候，修改的可能性就微乎其微。况且各个节点分布在世界各地，查找都很困难，更不用说控制了。

其实，区块链技术在最初并没有受到过多的重视。诚然，相对于其他的黑科技，区块链技术确实没有多少出彩之处，但其安全性却是独一无二的，这让此项技术绽放出了光芒。因为比特币区块链诞生 8 年以来从未崩溃过，也没有出现过坏账、假账或数据无法比对的现象。后来有研究者发现了这个特点，区块链才成为研究的核心。

有些人会产生疑问，区块链的账本人人都可以看到，这岂非泄露了个人信息？其实，我们没有必要如此多虑，因为只有得到系统许可的人才能进入到这个节点，并不是任何人都可以进入。而且，是否能进入节点也完全依靠技术手段来控制，全程无人工参与。所以，区块链一旦得到普及，对行业的影响将非常之大。但我们也应该明白，区块链技术目前仍未成熟，并没有大批量应用于行业实践。这其中，人们对区块链的认知不足是最大的障碍之一，它是抽象的概念，很难被完全弄清楚。

目前，区块链技术的应用受到政府的密切监管。比如金融行业，刚刚成立的互联网金融协会和银监会就要求所有的 P2P 金融平台统一连接到一个区块网络，并采用分布式记账的方式统一记录，以便监督管理。因为单靠一个公司或一个组织不可能实现整个行业自发使用分布式账本，所以必须依靠政府的支持，否则很可能出现不可预知的后果。

目前，有很多区块链公司与金融机构合作，使银行或证券机构更早地使用分布式账本。但是，政府部门不一定会对该项技术持开放态度，这是因为区块链技术的合规性存在争议。

3. 区块链中的存在性证明

　　所谓存在性证明，就是把存储文件的 SHA-256 数据保存到区块链，以证明其存在特征。通过两个代码中包含散列函数的地址来建立一个有效的比特币转账机制，是存在性证明的根本原理。这个散列值被切割为两大部分，每个部分都包含这些主要网址，这些散列函数用来代替或更换基于椭圆曲线的数字签名公钥的散列值。这种机制决定了此种转账是不能被消费的，因为有些网址是由文档的复杂片段产生，而不是由基于椭圆曲线数字签名算法的公钥组成。

　　在地址产生并且交易被确定时，该文件的认证期限就会变得永久。只要交易被证明存在，就意味着该文件是真实存在的。如果该文件在交易进行时不是真实存在的，它就无法在两个地址中被同时加进 SHA-256 数据摘要，也无法建立转账机制。散列函数就具备抗第二本源性，即给出固定的输入输出 x、y，即 $Hash(x)=y$，这就是一个简单的散列算法，通过融合这个散列值来配合未来的文件的散列值几乎是不可行的。这就可以解释为什么一旦文档产生的转账被比特币所确定，该文件的存在性证明就一起被确定了下来，而并不需要让一个可以信任的中央认证机构来解决。

　　如果这时候有人想要在时间戳上手动确定文件的可操作性，他应该遵守以下几个正确做法：一是计算 SHA-256 的数据摘要；二是找到比特币区块链上的转账记录，给文档的网址发送比特币；三是反编译 BASE58 编码的网址；四是在摘要中嵌入替换这两个地址的公钥散列值。由于摘要中存在 32 个 bit，而每个地址能够存储 20 个 bit，剩下的 8 个 bit 需要用 0 来填充，区块链上的两个网址之间的转账可证明文件在那个时间确认过。

通过简单地在区块链登记并加入时间戳数据，POE 可以让所有匿名和安全存在的任何文件得到证明。文件本身并没有存放在中心化的区块链或数据库中，因此这些文件都是经过加密的，从区块链上看到的仅仅是密码学意义上的阵列值以及该文件的阵列值所提交到区块链中的时间信息。如此一来，人们就可以基于完全开放的区块链，在不需要解密信息内容和用户身份信息的前提下，公开证明某个数据或信息属于某一个体。

我们可以通过在协议中加时间戳和事主的数字名称，来证明这些协议的签署问题。可以信任的时间戳能够用来证明某个个体在时间点上的某个文件和数据，而且这些信息是不被修改或欺骗的。例如，开发者可以给待开发的软件加上时间戳，以便证明某个时间点上已经出现的软件版本，而且不需要依靠任何的企业来证实。传统的证实方法我们称之为 TSA，可信赖的第三方在各种签名之中被时间戳证明。这种方式很容易出现数据偏差和修改问题。但是在区块链之中，时间戳可以安全存储地球上的有用信息，而且无法被修改。

存在性证明可以被用作证明专利和版权，任何人都可以证实这个数据在某个时间段存放过，当我们利用区块链技术放置文件证明时，任何人都可以绕开中心化机构，自由验证数据的真伪。同时，整个区块链网络的强大算力也可以为信息和数据提供安全保障。

存在性证明的主要用途包括四个方面：一是在不泄露真实信息的情况下就能证明内容的可靠性；二是确定时间戳；三是证明所有者和合同转让；四是确

定文件的可靠性。如果某人存储了文件数据，之后又重新上传文件，那么系统也会自动认知该文件和之前的数据是否一致。哪怕有最细微的变化，区块链也会做出标志，证明变化的地方与之前的数据不相同。这其实给客户文件提供了一定的安全性，即证明已经验证的文件是无法改变的。

4. 维护法律公正性的数字印章

随着互联网技术的产生和进步，越来越多的机构开始加大研究数字合同和印章等技术的力度。但是，这些技术仍然保持在中心化的数字解决方案层次。许多机构为了自己的利益，死守中心化模式，他们主要是为了不让太多的用户知道自己的产品和资源的真实情况，以达到垄断产品价格和作弊的目的。另外，各个团体和组织的核心技术也从来不对外公开，这虽然是一种普遍手段，但也造成了诚信度的缺失，从而制约技术的发展和进步。

在日常的工作和生活之中，我们会经常看到一些别有用心的人故意修改或违反当初的规定，并利用手中的各种权力和关系来谋取不正当利益。可悲的是，当用户发现问题准备通过法律手段维护自己的合法权益时，才发现已经无力回天了。因为普通的纸质协议很容易丢失，而电子协议又容易通过技术手段进行修改。

以区块链技术为基础的数字印章和数字合同是最佳的解决方案，正是这种基本原理的产生，使区块链中的每一个区块都具有了唯一的散列值，任何个体都无法私自篡改区块中的内容，否则很可能会造成区块散列值的变化，从而被整个网络拒绝。这种以区块链为基础的安全特性，使得人人都可以利用算法，将合同写入区块链。而区块链又是一个拒绝更改的账本，这决定了区块链中的合同不能被任意破坏，人们可以将一些重要的环境、人和事等内容写入区块链进行永久性封存。

区块链是一种开源技术，它与"数字货币"拥有相类似的安全特性。区块链与合同构成了一系列的安全解决方案，并与相关的人、事和政府机构进行高效率的整合，使其各司其守，实现一种智能和免维护的数字合约解决方案。我们可以设想，在未来社会，两个国家、两个组织，甚至是两个普通的个体都可以利用这种架构签订协议。这将是未来物联网世界中最为著名的公约系统，可以应用于人们的学习与工作，更能维护社会生活的方方面面，使全人类感受到福音。

一份合同经过 SHA 检验之后，我们就可以将其写入签约数据，然后由合约双方发动一笔交易，并将这类信息写进区块链系统。合同本身具有相当大的隐秘性，而且，合同内容不会被轻易写进区块，或者仅仅将被加密后的合同写入区块。一份完整的合同创造完成后，就要对合同文件进行 SHA-256 加密检验，以防有人私自更改合同的主要内容，然后将 SHA 的数字写进区块，以确定合同的合法性与唯一性。

将来，用户甚至只需发送一条信息、一封电子邮件，或在聊天工具中发送一个字符、扫描二维码等，就可以完成合同的签约，甚至可以在硬件与硬件、人与硬件之间建立数字化的合同关系。

5. 永远无法被"撬开"的比特币仓库

比特币价值不菲，如何安全保存是一个重要的问题。比特币虽然被注册在区块链之中，但这也并不能保证绝对安全，必须要通过保存一个只属于个人的密钥才能保证资金的安全。那么，我们该如何保存密钥，又该如何防止黑客的入侵呢？保证密钥的安全是人们对区块链中的货币安全产生信任的前提，否则，一旦区块链中的货币丢失，就会给整个区块链加密社区造成不良的影响。

以往的加密措施都是选择非常成熟的软件和随机数生成密钥，并利用多重签名来拆分密钥，这就会增加黑客破解的难度，因为他要对很多个密钥解密。最为经典的密钥保存方法一共有 37 个步骤，包括网络接口断开、物理隔离和专用计算机等。这种方式虽然使安全性大幅度提高，但也要付出大量的成本，对资金是一种极大的浪费。当然，也有不少人为了省事，将安全问题托付给了交易所，但安全问题仍然没有解决，只是安全系数稍微高了一点。

在可用性与安全性的博弈中，用户很难做出选择。遇到特殊情况时，用户可以将密钥保存在多个系统中，或者单独把私钥的编码放在物理隔离的数据库之中。如果用户需要被访问，并接入互联网，最后就需要用一段密码来还原。

因此，传统的加密系统存在很多丢失货币的现象，其原因不是黑客盗窃，就是用户自己操作失误。例如，有位高端用户存储了 20000 多比特币，并运用了 37 步安全规则，但在取用的时候忘了密码，可谓"聪明反被聪明误"。总体来说，计算机设施的算力无论多么强大，在资产的保存方面还是有诸多缺陷。这导致比特币在一段时间内成为黑客一夜暴富的手段。因此，比特币的持有者必须选择一种更好的方式来保管和锁定自己的比特币，防止被盗走。

目前，一种新型的比特币保管方案在巴巴多斯实验室产生。该方案采用一种新建数据保险库的方法，设立一个特殊的账户，当私钥不慎被黑客窃取时，这些私钥上的所有交易将会瞬间被抹掉。这种方式又称为"比特币保险柜"，它采用了典型的去中心化模式，比特币拥有者可以向银行报告丢失信用卡来抵消黑客的交易。

其实，比特币保险柜的先进之处就在于它并不是设置重重关卡来增加客户的破解时间，而是让黑客从主观上感觉破解无望，从而主动停止攻击。因为破解重重关卡能带给黑客丰厚利益，这就会使黑客在面对高难度的破解工作时依然精神百倍，而比特币保险柜就是告诉黑客，即便得到密钥，他也得不到比特币。

每一个比特币保险柜都有一个开锁密钥和恢复密钥，当用户需要在保险柜中取走比特币时，可以先用开锁密钥在保险柜中取走比特币。但在取走之前需要一定的预设时间，一般是等待 24 小时，当然也可以自主设定一个时间间隔，预设时间过后，保险柜中的资金才会进入解冻状态，这时才可以将它们转移到其他位置，或者通过交易消费它们。因此，即使一个技术相当高明的黑客可以窃取用户的开锁密钥，但只要不超过 24 小时，就能通过恢复密钥将开锁密钥发出的指令撤销。黑客发现盗取的密钥无法产生效果后，自然会立即停止攻击。这就像现在银行里面的撤销功能，只不过这是在区块链系统中实现的。

但是，也有一些技术高超的黑客能同时得到用户的开锁密钥和恢复密钥，即便如此，那也不代表他们可以完全控制用户的资金。因为从权限的意义上说，黑客也只是具有和用户一样的操作权限，且无法影响用户的行为。也就是说，当黑客试图转移用户的资金时，用户也可以撤销这个操作。当然，这会陷入一个撤销和恢复的僵局。为了避免出现这种情况，用户还可以利用恢复密钥进行一次资产销毁活动，这样，谁都无法得到比特币。这虽然是一种两败俱伤的行为，但有这个功能存在，黑客就会在侵入这样的资产之前做一个成本评估。如果用户销毁资产，那么黑客前期盗取开锁密钥和恢复密钥所做的努力将会付诸流水，而这些想法都有可能使他放弃攻击。

在比特币网络中，实现这样的保险柜机制并不是非常容易。另一种稍微简单的方案是，为保险柜设计一个专门的工具，并为其设定专门的网址或是更多的操作代码。但我们更加相信，体系的变化是最小的，并且可以适用于多个方面。因此，我们提出一种相较于比特币更加小的变化——"比特币契约"。这和法律契约是一样的。比特币契约会随时检验交易费用的条件是否能建立。从本质上说，契约对未来的交易形式产生了一种约束，因为契约可以逐层归纳，并可以自我保存，或者在某个时间段进行控制。

更为重要的是，保险柜不会使比特币交易中的不可逆性改变。保险柜的个人资金具有保护性质，我们可以把自己的资金放置在保险柜之中，这样就等同于自动放弃了迅速消费它们的权利，而换来的是更高的安全性。当用户想要使用这些比特币时，就需要将它们从保险柜转移到自己的钱包，以此来让支付变得更加方便。需要注意的是，只有用户自己的钱才可以保存在保险柜中，其他人的钱不可以，这种机制的目的就是防止用户利用保险柜诈骗他人。例如，用户 A 和用户 B 发起交易，用户 A 将保险柜的钱发给用户 B，而用户 B 将商品快递给 A。在这种情况下，用户 A 是无法撤销这次转账的。

　　比特币保险柜解决了比特币发布以来一直困扰用户的存储和支付问题，保险柜的出现可以使人们的资金免受被盗的危险。更重要的是，它可以让黑客自动放弃攻击。就像防止盗贼偷窃一样，与其家家户户多上一把锁，不如将整个治安秩序提高，断绝盗贼的念头。

第四章

超卓技术的特征

——怎样理解封存于区块联盟内部的"专属密码"

　　如果说去中心化模式是区块链的核心，那么，实现良好的去中心化需要倚仗的就是技术。区块链基本抛弃了中介和人工，使基于技术的算法和合约成为主导，这才是区块链实现公平公正的关键。在技术问题上，我们首先需要了解的是一个数学问题，即"拜占庭将军"的问题；然后便是计算架构，分析它是如何在点对点的基础上建立去中心化系统的；最后，我们要分析其数据结构和密码学的算法，以便了解其运行过程中的安全问题。

　　在我们对区块链去中心化大方向的研究之中，分叉问题需要被引入进来，这个看似普遍的现象实际隐藏着巨大的安全隐患，因为这可以直接导致共识攻击的产生。即便抛开攻击不谈，也有很多不法分子会千方百计地通过区块链系统的漏洞窃取用户的数据，而常规的法律手段很难起到制约作用。其实，填补这个漏洞还需要一系列基于数学、密码学、物理学和计算机学的高端技术。

1. "创世区块"中漂洗不去的终极印记

科学技术是第一生产力，当我们以各种新兴技术去改造商业模式时，其巨大价值就真正显露出来了，要想更深刻地了解区块链，就需要多发现其技术优势，并探索其特点与应用价值。总体来说，区块链具备五大技术优势。

（1）去中心化与去信任化。区块链的一个重要特征就是建立去信任化和去中心化的模式，将第三方认证机构彻底去除。不管区块链中的用户在以前是否值得信任，只要他身处网络之中，我们就都能保证其可信度，因为这是一个"作恶"成本大于"行善"成本的世界。

（2）分布式共享系统。通过分布式的存储、记录、协同和保护，充分调动每一位用户的积极性。分布式的终极目的就在于将各界的力量整合起来，通过共享与协作，实现资源的最有效利用。

（3）真实记录交易历史。区块链可通过时间轴的建立，对历史中各个时间段发生的交易的全过程进行记录，让每一件事都可以被追溯和找寻。而且，每位用户都是交易的监督者，再高明的黑客也无法修改一丁点儿数据。

（4）资产永远可编程。资产在价值转移时都可以实现编程，这对于数字资产的智能化管理非常有帮助，让互联网世界可以实现资产智能化和自动化管理，真正实现万物互联。

（5）新秩序的共享。这有利于建设公平竞争、按需分配、合作共赢的共享经历新规章和新秩序。

在以上优势中，去中心化和去信任化可以说是核心优势。信任是人们进行交易、转移和存储的基础，如果连最基本的信任也无法建立，人们将无法进行任何的商品交换。纵观人类社会的发展史，刚开始我们靠血缘和宗族来确立信任，后来又靠道德或宗教，再后来，人们又开始利用法律和组织，否则，人类就无法进行价值的转移或交换。随着人类社会的不断进步和信息化进程的不断加速，人们开始依靠算法逐渐建立起各种信任关系，使较弱的关系可以通过算法建立链接，让之前一些根本不可能完成的价值交换顺利完成。这是人类社会在价值互换领域的一个重大进步。

当然，去信任化和去中心化并不意味着不需要信任，而是抛弃了原始的信任建立模式，用一种绝对无法违逆的数学算法建立起人与人之间的信任机制，用全球共享的区块链来取代中介与中心组织。这就相当于免除了第三方中介的信任背书功能。即使参与交易的用户不值得信任或以前有过不诚信的行为，那也不必担心，因为整个区块链网络就是一个信用机器，它可以帮我们建立起一个绝对诚信的经济体制。

从经济学的角度来看，信用的实质就是借贷关系中的信任关系。双方只有建立了这种关系，贷方与借方才能实现合作。而前提就是，贷方必须相信借方可以将钱还上，借方要承诺支付利息。以往，中介是实现信任关系的唯一保障，因为那时候的沟通需要信息，而信息的流通并不方便，至少不能满足用户对于信息的需要。所以，中介应运而生。这种中间机构利用自己的优势搜集用户所需要的信息资源，投放到用户或市场中，然后换取一定的中介费。

随着中介市场的规范化和秩序化以及互联网技术的成熟，以前的中介逐步演变成了现在的信息网络中心。像银行、证券中心、交易中心等，都属于比较正规和权威的中心枢纽。放眼世界，现存的金融、清算支付和货币体系，都是以中心化为基础的，曾几何时，中心化体系已无处不在：以中央银行为中心负责统一发行货币；金融机构内部的交易系统也由该机构统一进行处理；跨行支付业务也是由第三方机构来承担负责。除此之外，网上购物的支付也是由支付宝、微信支付这样的中心化支付平台来负责。这种模式虽然给我们带来了便利，但在新时代，它也突显出了很大的弊端。

（1）中心本身成本高，效率低。较少的中心化系统掌握了世界上绝大多数的"价值"，这表明，各种资源和数据的利用受限于中心化机构的内部要求。这就是造成成本高、效率低的根源。在支付宝和网上支付诞生之前，跨行转账的低效率一直备受诟病。

（2）中心之间差异过大。在中心化的系统之中，各个不同的资源被分散在不同的中心机构里，而各个中心系统的结构相差甚远，中心之间彼此联通的成本相当巨大。虽然互联网日益成熟，但要打通固有的限制、实现中心机构之间的合作和连接仍然非常困难。由于利益需求不同。各个中心机构"各自为政"，强行使其互通有可能产生矛盾。

（3）风险的集中问题。对于集中化的体制来说，由于数据量庞大，其内部结构相当复杂，即便有很高的安全保护机制，也难免会受到黑客的盯梢和攻击。因为一旦破坏成功，不法分子就能够得到巨大的利益。例如，一些中心机构的内部管理人员监守自盗，为了利益而随意修改用户数据或盗用数据。

2015 年 8 月，美国银行、摩根公司和高盛集团等 22 家金融机构被指控操纵市场拍卖交易。2015 年 9 月，以华尔街为首的 5 大银行承认非法操纵外汇利率，同意支付 59 亿美元的罚金……这些违法的金融机构无一不是响彻全球的业界大亨，我们不禁产生疑问，如果连这样的机构都违法犯罪，那么我们还能相信谁呢？答案很简单，相信区块链，因为它是去中心化的系统，而传统的金融机构无一不是中心化的。在传统交易中，信息的汇总、合同的签订和信用背书都必须以各类中介机构为中心。这就相当于强制承认了中介机构的权威性与可信任性。

但实际上，中介机构的可信度并不高。因为一旦系统出错，或者机构本身遭受攻击、内部人员监守自盗，那就有可能使用户受到巨大的财产损失。而且，如果碰到黑客恶意修改合同的问题，用户依靠法律程序维权又会成为一个大问题，因为金融机构一定会想方设法逃避和推卸这个责任。

（4）特里芬悖论问题。各国法定货币不同，清算的体系也有不同，这给国家与国家的贸易带来了很多的不便。美国曾经就出现过著名的"特里芬悖论问题"，即一个国家的法定货币既要解决本国的经济问题，又要防止造成全球经济的混乱。

互联网在最初是一个去中心化的体系，它使全球的经济互联，为社会做出了巨大的贡献。但伴随着互联网的发展，互联网上又建立起一个个的中心化体系。在某种程度上，互联网的中心化虽然提高了信用运作效率，但也因此造成了发展的瓶颈。在信用全球化的今天，中心化显现出巨大的弊端，各个大型互联网公司"各自为政"，影响了全球资源的进一步整合与利用。

而区块链为互联网建立了一个去中心化的体系，它摒弃了以前全人工参与的信任建立模式，采用纯数学的方法，在无法确保人们是否值得信任的情况下，借助区块链，人为地建立一种信任关系，从而在保证安全的同时，既提高了工作效率，又减少了资源的消耗，使互联网上的价值交换更加便利。这在一定程度上做到了真正的去中心化，使中介机构被彻底革除。目前，区块链正在以一种颠覆性的模式重新建构世界的信用体系。

2. 怎样解决"一山不容二虎"的分叉问题

区块链的去中介化数据模式，导致不同的副本之间不可能始终保持一致性，区块在不同时间到达的节点更是无法确定，每个节点也有不同的区块链类型。为了解决这个问题，每一个节点都努力寻找代表了最大工作量证明的那个链条，即具有最大累积量的链。节点将每个区块的难度进行累计汇总，得到所要付出的工作量证明的总和。因此，只要每一个节点都能准确地找到数据难度最大的区块链，那么整个比特币网络最终就会呈现出一致性的状态。

所谓分叉，就是在不同类型的区块链之间产生的短暂性区别，当不同的区块加入分叉之中，一致性问题便可以得到完美解决。在全球比特币网络中，分叉不能靠图示表示出来，因为在实际中，比特币网络的拓扑结构并不是依靠地理区域建立起来的，而是由网络中相互连通的节点分化而来，其中两个节点的距离在地理位置上可能非常远。当然，以地理为界只是让我们更加直观去感受。但我们必须要清楚，实际的节点不能按照真实的地理位置来测量，只能通过不同节点的线型来表示。

网络中有一个权威的区块链视角，顶点以实线区块为主链进行划分。如果有两个待选区块想要使最长区块得到延伸时，分叉就会产生。例如，当两名矿工在较短时间内都算出了工作量证明的时候，分叉产生。两名矿工在各自的区块中一旦得出结论，就立即将自己的胜利区块传播到网络中，其运行轨迹大致是这样的：将数据传播到相邻的节点，然后推及整个区块链网络，而每一个接收到这个胜利区块的节点都会将其归入并延长到区块链中。如果该节点接下来又接收到一个胜利区块，而且这个区块和上一个极为相似，那么该节点就会把这个区块与候选链相连接。最终，一部分节点接收到候选区块，而另一部分节点收到的却是极为类似的候选区块。至此，两种不同类型的区块链产生。

我们可以假设这样一种情况，一个来自美国的矿工发现一部分区块的工作量证明解，并在父区块上延伸了该区块。而在同一时间点，一个英国的矿工也找到了一部分区块链的证明解，也延长了父区块。这样一来，世界上就同时出现了两个胜利区块，它们都包含正确的工作量证明解且延长了同一个父区块，而且这两个区块里的交易数据几乎相同，只是在序列上稍有不同。

当两个区块在网络上进行传播时，一部分节点收到了来自美国矿工的胜利区块，而另一部分节点收到了来自英国矿工的胜利区块。此时，各节点之间就会产生分歧，一部分以美国区块为顶点，而另一部分以英国区块为顶点。

比特币网络中，离美国最近的节点会第一个收到区块，并使其难度增加到极限。此区块为这个链的最后一个区块，它会自然而然地忽略比它晚到达的类似区块。此时，离英国最近的节点会判断其中一个区块胜利，而忽略另一个区块。第一个得到区块的节点，会马上让这个区块为父区块生成最佳的候选区块，并继续寻找这个区块的工作量证明解。同理，离美国最近的区块节点也会以收到的胜利区块为顶点生成最佳的候选区块，最后延长该区块链。只不过，两个节点选出的胜利区块并不相同。

在一个区块内，分叉问题就可以被完美地解决。网络中的一半算力专注于美国附近的区块，并以此为基础创立新区快，另一半算力则专注于英国附近的区块。即便两者算力对等，两个区块也总会有一个抢在另一个区块前面发现工作量证明解。

所有在第一轮选择英国区块为胜利者的节点，会直接将这个链延伸为一个区块。但是，那些选择美国区块为胜利者的节点会发现两个链，这些节点会依照结果将固定的链设置为主链，另一个为备用链。这些节点内容纳了更长的链，被迫改变了对区块链的原有理论。这就是对链的创新共识。美国的区块作为父区块，已经不存在最长的链，这导致候选区块变为孤立的区块。

因此，现在任何想要在链上延伸的区块链都已经停止，整个网络都会将这条链认定为主链，而另外一个区块为最后一个区块。全部的矿工将会把产生的候选区块的父区块转换为箭头区块，用来延长这条区块链。从理论上说，两个区块的分叉是相当有可能的。这种情况发生的最直接原因就是，相互对立的两名矿工在巧合之下发现了两个不同的区块的解。但是，出现这种情况的概率非常小。单区块分叉的情况每隔 7 天就有可能发生一次，而双区块的分叉情况则比较少见。

比特币系统将区块之间的空隙设定为 10 分钟，这是在更加迅速的支付和最低的分叉率之间做出的中庸对策。区块之间的间隔越短，交易的速率就会越高。但是，这也会导致区块链分叉现象频繁发生。相应的，时间间隔加长会使分叉数量减少，但又会致使清算时间变长。

3. 共识攻击——让用户血本无归的"毒牙"

分布式交易总账需要在最短的时间内做到安全和不可更改，这是建立一个完善的去中心化系统的前提。在实际应用中，该模式有两大方面：一是用一个特别的节点来产生一个区块；二是使交易总账无法被修改且不可逆。比特币网络具体的共识机制我们不再赘述，总之，它杜绝了依靠算力进行破坏和欺骗的行为。一般情况下，部分矿工会老实本分地依靠"挖矿"获得报酬，并维持整个系统的稳定性，但是，如果有一个或一群矿工占有了整个系统的大量算力，他们就有可能会刻意攻击比特币原有的共识机制，从而破坏比特币区块链的安全，但概率很小。

值得注意的是，共识攻击对区块链的影响只存在于未来。也就是说，无论是何等破坏性攻击，它最多影响的是以后的几个区块共识，最多波及 10 个区块。

而且，随着区块链的逐渐完善，比特币区块链将越来越难以被篡改。实际上，一个区块链分叉可以增加链的长度，但区块链分叉所需要的算力非常大。随着比特币区块链的逐渐发展，想对过去的区块进行修改几乎不可能，同时，用户的密钥和加密算法也不会受影响，用户钱包里的比特币无法被盗取，过去的交易记录和比特币持有记录都无法被修改。由此可见，共识攻击唯一能造成的影响就是对最多 10 个区块造成影响，并通过各种拒绝服务技术来影响区块在未来的正确生成。

共识攻击又被称作"51% 攻击"，即一群矿工依靠整个比特币网络 51% 的算力，集合起来破坏整个比特币系统。这些矿工可以生成大部分的区块，这表明他们可以通过大批量地制造区块链分叉来建立重复支付行为，或者在交易过程中和钱包地址位进行拒绝服务。区块链分叉造成的双重支付不难理解，就是对最近的某个交易不认可，并在交易进行之前重新构造新的区块，继而形成新分叉，实现双重支付。

有了强大算力的支持，一个破坏者可以一次性修改不小于 6 个区块，这就相当于依靠算力强行打破了区块链无法被篡改的"神话"。值得一提的是，双重支付攻击只能在交易者拥有钱包支付功能的情况下才可能发生，且只有这笔交易是无法被修改的购买行为时，攻击者才能得到一定的利益。

例如，消费者 A 和咖啡店老板 B 利用比特币进行了一杯咖啡的交易，咖啡店老板 B 同意消费者 A 在没有完成转账交易的情况下为其提供咖啡。这是因为，这种小额交易被共识攻击所造成的损失还没有向消费者 A 索要信用卡签名高。所以，低于 25 美元的消费，商家一般不会要求消费者的信用卡签名。

但是对于大额交易来说，一旦被双重支付攻击，商家将损失惨重。因为攻击者可以依靠算力在整个区块链中广播一个和现在的交易一模一样的伪造交易，并取消它，而真实的交易也同样被取消。双重支付有两种攻击方式：一种是在交易确定之前先发制人；另一种是由攻击者通过交易分叉取消原有的交易记录。

再如，攻击者 C 在商家 D 店里看到了一幅油画，于是 C 向 D 转账了价值 25 万美元的比特币进行交易。交易确认完成后，D 就被催促着将油画快递给了 C。这时候，C 找到自己的朋友 E，而 E 是拥有全网 51% 的算力矿池，那么，这笔交易在区块链中一出现，就成了攻击的目标。E 利用算力将这笔交易的区块进行重新计算，然后在生成的新块中将原来的交易完全替换，将其修改为 C 将 25 万美元转到其他的账户而不是商家 D 的账户。这就实现了双重支付。

比特币能顺利到达其他账户的一个重要原因就是新生成的区块的高度更高，可以完全取代先前的区块。而且，E 所在矿池的其他矿工很难察觉到这次双重支付的问题。因为挖矿程序一直在自主运行，并且一直监控着每一笔交易。只不过，这笔交易并不公平，商家 D 最后将油画给了 C，却没有得到一个比特币。

这样的攻击会对用户造成巨大的损失，为了防止这种现象的发生，商家在涉及大额交易的时候，都会等到全网超过 6 个确认之后再邮寄商品，或者使用基于第三方认证的多方签名账户进行支付，并且在全网的多名用户确认该交易没有问题之后，再邮寄商品。一笔交易得到越多人的确认，攻击和篡改的成本就越高。对于金额巨大的商品交易，即使 24 小时之后再付款，使用比特币支付的效率还是比其他支付方式高。同时 24 小时之后，这笔交易在比特币网络已经有大约 150 个用户确认，这就极大地降低了被共识攻击的可能性。

除了双重支付攻击，还有一种比较常见的攻击方式就是对某个比特币地址提供的服务拒绝。一个在比特币系统中拥有非常高的算力的攻击者，可以将某个特定的交易完全忽略，如果这笔交易在另一个矿工所创造的区块中出现，那么攻击者就可以刻意制造分叉，然后重新创造出一个新区块，并把忽略的旧区块直接删除。这样做的结果就是，只要攻击者的算力足够，那么他就可以不停地影响一个特定钱包地址产生的任何一笔交易，使这些交易得不到任何的服务。

需要注意的是，共识攻击并不一定非要拥有系统中51%的算力，事实上，即使拥有不到51%的算力也可以发起攻击，只是有可能会失败；51%只是保证每次攻击都一定能成功的一个阈值。从本质来看，共识攻击就相当于把比特币网络中所有矿工的算力分成了两部分：一部分是正常算力，目的是维护系统的稳定；另一部分是不正常算力，目的是破坏系统和网络。这两部分算力都在争先恐后地计算区块链上的新区块，因此，算力决定了攻击成功与否。一个攻击者的算力越多，就越有能力制造分叉，他能控制的未来区块也就越多。

有安全组织得出结论，如果一个人拥有的算力达到整个区块链网络的30%，那他就可以完美地发动51%的攻击。但是，比特币区块链的算力每时每刻都在增长，目前，比特币系统所具备的巨大算力已经可以使其免遭某一个矿工的攻击。因为一个矿工的算力再强，也很难占据整个系统1%的算力。但是，由中心化模式控制的矿池可以控制候选区块的生成，同时也控制了新生区块的交易。如此，矿池的操作者就拥有了删除特定交易并且可以双重支付的权利。

如果矿池的所有者能够巧妙利用这个漏洞，他就能神不知鬼不觉地发动共识攻击并获取"利益"。但是，并非所有的攻击者都是为了个人的私利，他们可能仅仅是为了破坏整个比特币系统的正常交易。这种破坏行为往往是大范围且持续的，而攻击者所要付出的精力和成本也相当巨大。

以上两类攻击者非常可怕，他们有能力购买整个矿池，并可以聘用最尖端的科技人员运营矿池，从而聚拢算力来发送拒绝服务等共识攻击。但是，随着比特币算力的原子裂变式的增长，这些攻击已经变得越来越困难。目前，很多比特币系统进行了改造和升级，比如实行了挖矿控制去中心化的新协议。这些都提升了攻击的难度。

一次严重的共识攻击会影响到人们对比特币系统的信心，甚至会造成比特币的价值波动。但随着比特币系统以及相关应用的不断改进，比特币社区势必会加快对共识攻击的响应，从而使整个比特币系统更加稳定可靠。

4. 基于密码学的身份验证

目前，金融领域引入了基于密码学的货币，主要用于证券交易、金融衍生物和供应链金融。一般情况下，这些领域的工作需要大量的重复对账和查账，有时还需要重做。这些工作都具有一定的复杂性，稍有不慎就会引发各种争端。

基于密码学的身份验证以区块链系统为依托，能够使用户完全掌握自己的身份信息。这是一种更加直接的体验，省去了以往先解锁信息，然后才能获得各种接入服务的繁复步骤。区块链系统中的身份验证是一种非常特别的方式，因为区块链中的密钥提供了唯一的验证信息，但是，如果不同的服务有不一样的密钥，那又会变得繁琐起来。

假如，你为了安全起见，给家里的门设置了 6 把锁，而且要根据门的方向和人的出入日期来选择特定的钥匙。这个系统的安全性确实在一定程度上得到了保障，但仍然漏洞百出。第一，黑客会根据用户密钥的难易度推断用户资产的价值，密钥太过于复杂，反而会刺激黑客们的好奇心；第二，密钥越复杂，需要用户记忆的密码串就越多，如果不小心将密码忘记，那用户遭受的损失就等同于被盗了。但区块链领域的身份验证可以完美地解决上述问题，因为它致力于信息安全解决方案和身份验证，其中就包括数据和服务入口。

2015 年 12 月，有一对新人举行了婚礼，有趣的是，两人的婚礼现场既没有司仪，也没有父母，甚至没有法律的约束，因为婚姻合同是他们自己拟定的，有效期是 42 个月。

这其实就是以区块链为依托的身份验证的雏形。爱沙尼亚共和国就尝试使用电子居住身份证，2014 年，爱沙尼亚给本国的虚拟公民规定了暂居的权利和义务。目前，很多国家已经开始拟定电子居住方案，其中就包括结婚许可。

于是，Bitnation 出现了，它是一个致力于身份验证的组织。该组织推广无边界化的模式，并建立了一个"电子国度"。为了将这样的声明合法化，它已经成功建立了一套属于自己的服务和工具。或者在未来的某个时期，各个实体国家将会承认以区块链为基础的虚拟国家，并允许公民用区块链身份来代替国民身份。

除了 Bitnation，CryptID 也是一种以区块链为基础的身份识别系统。它可以应用于门禁系统之中，同时解决安全和方便实用的问题。门禁系统的重要性不言而喻，几乎所有的学校、机场、工作间和政府机关大楼都需要安全度高的门禁系统。就拿政府机关的门禁系统来说，虽然其安全性颇高，但建造这样的系统所花费的资金、浪费的资源也是巨大的，而且基本都是以中心化数据库为核心。如果黑客背后有政府级后盾的支持，这样的门禁系统恐怕也不能保证不被攻破。

而且，市面上大多数门禁系统都是基于磁条科技，对技术有所了解的人就可以伪造磁条。而 CryptID 的出现正好可以克服门禁系统的上述缺点，它是一个开源系统，起源于"黑客马拉松竞赛"，这个竞赛的目的是建立无需授权的去中心化账本。CryptID 系统有几大特点。

（1）降低成本。身份认证记录包括很小的照片和指纹信息，一般不会超过 KB 级。改程序并不复杂，可使用公证通（Factom）将已经记录的数据写入区块链，并进行加密，然后在比特币区块链中进行时间标记；还可以利用各种设定方法，包括各种身份认证方法。

CryptID 的所有数据都是去中心化存储，不需要在本地运行任何服务器或核心系统，而且能够做到可以随时随地访问。区块链会随时存储所有的数据，并能在互联网的任何一个地址对身份进行确认。

信用入口呈现链条化，每个入口大约有 10KB 的大小，用户花费不到 0.5 美元就可以进入。我们可以使用一些指纹膜版来进行压缩和裁剪，虽然对图片质量有一定影响，但仍然可以识别，其大小为 6KB 左右。当然，这不是绝对数值，压缩后的图片大小还取决于用户的名字长度。用户只要花费很少的资金，就可以将身份验证信息存储到公证通（Factom）中，既节约了成本，又方便了使用。

（2）加固安全性。区块链系统采用了比特币那样的多重签名地址模式，保证了不会有单个用户具有其他任何用户身份信息的情况。这也决定了没有人可以轻易将其破坏，用户的密钥也可以和自己的卡绑定。例如，可以将指纹与照片匹配，给用户提供一种额外的防护。

数据可以分布在多个不同的电脑，这就杜绝了一家独大的现象发生，避免了腐败，而且用户的身份数据几乎无法被篡改。而传统的身份识别方式无一不是依靠中心化模式，这就很容易遭到攻击和修改。

以往的身份验证只需要一个步骤，那就是用身份证进行验证。而 CryptID 的验证则需要 3 个要素，即唯一的身份标识、密钥和用户自身的指纹。

（3）自由度强。用户信息并非一定要保存在一个带照片的身份认证中，这些数据也可以保存在一个很小的空间里。条件允许的情况下，我们可以将其隐藏在手机的 App 中。

CryptID 卡的正面存储有该组织发布的各类数据，背面则显示有各种指纹和编码。如果编辑卡片中的内容则需要重新制作一张。因此，正确处理旧的卡片相当重要。该项目的主要领导者史蒂文·马斯里表示：因为 CryptID 的字符串可以保存在存储容量为 44 字节数据的任意一个地方。这说明它可以用在目前的任何校对系统中。

另外，我们可以使用智能手机来转移光学信息，一般情况下，一个扫描仪或摄像头扫描的编码是它的转移凭据。当然，CryptID 并不是第一个以区块链为基础的去中心化解决方案。CryptID 和 Bitnation 的最大区别就是，前者的各种身份由一个组织来授权给用户，并提供使用；而后者是一种绝对平等，且无从属身份的系统，彻底将第三方去除。只不过，Bitnation 在使用时必须使用户随时处于在线状态，所以它的应用领域相对狭窄。

CryptID 的开源性质使它获得更广泛的应用，适用于绝大多数安全系统中。

区块链的不可修改性、身份存储和抵挡攻击的潜能都是巨大的，Bitnation 有一天将会成为国家发行和认证的替代方案，也可以节省很大一笔开销。

5. 区块链系统里的贝叶斯理论

大量的实践表明，区块链具有预测市场的功能，特别是当预测对象具有大量的交易数据和流动性的时候。预测市场和股票市场的预测机制有相似之处，但也存在显著的不同。股票市场预测只是一种对未来投机行为的价值的预测，而预测市场主要是指预测未来情况出现的概率。例如，我们可以做出预测："特朗普的执政方针是否对美国有利？"如果"是"的价值是 0.53，那么特朗普的执政方针对美国有利的概率就是 53%。

2007 年，哥伦比亚商学院的老师曾经让 73 名学生预测瓶子中巧克力豆的数量，结果是，同学们预测的数量在 240 ～ 4200 个。但其实，瓶子里有 1117 个巧克力豆，平均偏差为 700，也就是 62% 的错误率。虽然，学生们的预测准确度非常低，但他们预测的结果的平均数是 1150，和实际结果接近。这个实验被各国的多名专家复制过，结果都是大致如此。这在当时引起了很多人的重视。

还有一个关于预测的故事，那是在 1968 年，美国有一艘巡洋舰在完成任务后消失在一个港口。虽然海军总部知道巡洋舰最后报告的地理位置，却不知道究竟发生了什么事，只能粗略估计出该巡洋舰最后一次联络总部之后的大概位置。最后，海军总部将目标锁定在了方圆 15 英里（约 24 千米）的一片区域，大约是 2000 英尺（约 609 米）的海域。这是一个模糊的搜索范围，总部并不指望有多大的收获，他们后来想到的解决方案是：找几位精通海洋流动的专家和教授，让他们做出精确的预测。但是，一名叫约翰的海军上校却有一个特别的计划。

首先，约翰先将巡洋舰可能出现的情况做了一个分类与汇总。然后，他从各地调派了一群不同背景和身份的人，其中有海洋流动专家，也有数学家、搜寻人员，还有常年生活在这片海域的有经验的渔民。约翰让他们猜测哪片区域出现的概率最大，并杜绝彼此商议。为了调动预测者的积极性，约翰还制定了一系列奖励措施，如猜对下沉速度的奖励朗姆酒、猜对事故地点奖励雪茄等。

大家的预测结果出来后，没有一个答案能够清楚地表达这艘巡洋舰的位置。但是，约翰上校却坚信，只要将所有人的答案汇集到一起，就能针对这艘巡洋舰做一个最为完善的状况描述，进而预测出事实。于是，约翰上校利用了所有的猜测。最后，约翰上校得到了一个团队关于巡洋舰位置的集体预测结果，这个结果并不是某一个专家或某一位成员得出的结果，而是集合大家的力量，将信息汇总后所做出的集体判断。而事实证明，这也是一个正确的判断。

果不其然，在巡洋舰失踪 3 个月之后，一艘海军军舰发现了其位置，令人惊讶的是，它离约翰上校所预测的位置相差不到 1 米！这件事之所以能引起巨大轰动，主要就是因为预测的准确度，而且是在证据极度匮乏的情况下，因为没有人知道巡洋舰为什么会消失，即便确定是下沉，也没有人知道下沉的速度和倾斜的角度。虽然没有人知道这些信息，但约翰上校依靠这些人推断出了正确的答案。

以上的故事和贝叶斯理论非常相似，而在日常生活中，这样的现象非常常见。就拿现在的手机游戏来说，有的游戏装备上写着暴击率50%，那么，当游戏中的人物拿着这件兵器打仗的时候，第一次如果没有出现暴击，那第二次出现暴击的概率绝对就不会是50%，可能是70%或更高。为什么呢？因为有了第一次的实践结果，我们就可以利用已知去更加精确地推导未知。具体来说就是，对部分未知的情况进行主观的概率估计，然后再用一定的公式对先前的概率进行修改，最后利用这些数据推导出最佳决策。

以区块链技术为核心的 Augur 就是一个去中心化的预测平台，其理论基础就是贝叶斯理论。在这个平台上，用户可以利用"数字货币"进行预测，集合每一位用户的智慧来还原事实或者进行预测。这不仅可以有效地消除投资风险，还更有利于化解服务中心化所带来的弊端。同时，该平台使用的也是加密货币，并以此建造了一个世界级的市场环境。

在 Augur 上，任何人都可以对自己感兴趣的话题创建一个预测模块，邀请其他用户参与。如"美国的州长大选谁会是最终胜利者"等。普通的参与者可以在预测模块上提出自己的见解和预测。事实发生后，参与者如果预测正确，即持有正确结果的股票，那就可以获得1美元／股的报酬。当然，这个报酬还要减去当初参加活动所花费的成本，才是实际所得。如果预测错误，那么参与者不会得到奖励，还要亏损当初参加活动所花费的成本。不过，这个成本非常低，并不会降低用户参与的热情。

该平台的很多要素使其不同于传统的预测市场，但最大的区别还在于 Augur

是去中心化的，世界上任何人都可以使用这个平台。这将会给该平台带来空前的流动量和数据，这是传统平台永远都无法做到的。Augur 系统的代币称为 REP，又称作"信誉币"。信誉币是一种可与个人的公私地址相关联的积分，像比特币一样可以交易和分割，和密码学的货币非常相似。如果说比特币能模拟黄金，那么信誉币就能模拟信誉。

Augur 的去中心化还表现在它对任务结论的报告模式上，在基于中心化模式的传统预测市场上，一个事件发生以后，由平台的管理者进行组织归纳并确定结果，但由于管理者的资源有限，解决问题的时间往往被无限延长。但 Augur 采用的是去中心化的结构，并将信誉币理念引入，事件发生之后，只要有人持有信誉币，就可以对事件的结果进行预测。但是，普通的参与者无需信誉币就可以进行交易和预测，只不过这类群体预测结果所占据的权重略低于持有信誉币的群体。

Augur 平台期望信誉币持有者每两个月对系统中出现的事件进行一次结果预测。一般情况下，有三个预测选项可以选择：一是会发生；二是不会发生；三是模糊不清。第三个选项，表示信誉币持有者对事件的结果并不明确，而这时可以有一定的缓冲期，大约是两周，两周以后，用户可以再次进行预测。这种预测流程快捷有效，有时甚至能在数小时内完成传统平台数月才能完成的工作量。如果信誉币持有者在规定时间内没有做出预测或者做出不诚实的预测，那么系统中的分析程序就会自动将这部分用户的部分信誉币收回，并分发给那些预测成功或者一直诚实预测的用户。

6. 区块链中的分布式存储平台

国际知名电商平台一直提供的都是中心化云服务，阿里巴巴、京东和亚马逊都是如此，其服务器都需要专门的人员维护，并且要使算力达到能兼顾所有业务的程度。这种模式在最初的确能提高效率，有利于资源的整合再利用，但随着接入用户的增加，其业务量也呈现几何倍数增长，超过一定的限度就会加重云平台的负担。而每一次提高平台承载力所消耗的成本巨大。

将来，很有可能会出现一种新兴事物——去中心化的存储系统。据专家计算，去中心化的存储成本只有中心化存储的 6%，一旦这种存储系统实现了完全自动化，那么云存储将会实现零成本。就像某些可以分配空闲机动车资源的平台一样，去中心化的云存储平台也是一个可以出租硬盘空间的系统，该平台的管理者可以获得一定的报酬。目前，世界范围内已经出现的去中心化文件存储平台已经有数十个。

区块链可以构建一个新式的去中心化合约，并且数据可以得到更加安全的存储，也不需要任何的中介机构，更不需要第三方来监督管理，当然，服务器也被剔除。不过，我们不能把区块链等同于云计算，它的功能并不能替代现在的云计算技术，它只是把云计算技术推广开来。相对于以前臃肿的云计算平台，区块链平台就显得相当轻便，并且可以运行"智能合约"。"智能合约"的运行环境处于区块链网络之中，而众多的计算机则通过共识机制与区块链相连，完善了区块链的功能。

在此，我们可以把区块链和传统云计算虚拟机上运行的功能模块做一个详细的对比。以亚马逊平台为例，它的收费是由计算时间、数据传输和运算速度共同决定的。而以太坊这样的平台则是运行在物理服务器中，我们不需要知道服务器的运行状况，因为里面的矿工会帮助我们维护服务器。这就相当于当下流行的业务外包，矿工根据自己的硬件使用情况获得一定的报酬。因此，区块链云平台依靠加密的确认交易和记录层，实现了传统计算机结构的扁平化。

这个新的结构还面临一个重要的问题，那就是需要间隔区块链中的 Web3.0 架构。例如，在以太坊中，一个 3 层的 Web3.0 架构包括三部分：一是以性能强劲的浏览器作为客户端；二是以区块链作为资源共享平台；三是在虚拟网络中以去中心化的模式运行商业逻辑。同时，这也是现在网络架构的一种新的组成形式。

在去中心化云存储领域中，著名的当属 Sia 公司，它曾经发布了一款以区块链技术为基础的数据协作服务平台，具有节点对节点的自动化特征，允许用户制定的存储计划可以在安全协议下得到保护。和 Sia 的类似项目有 filecoin 和 storj，Sia 的目标是建立一个非信任的、具有一定容错性的文件存储工具。

用户与个人的数据被 Sia 平台存储在了网络的众多节点上，"智能合约"可以对其进行跟踪，而多阶段的进程也能很好地对文件进行保护，并且由加密算法 Twofish 进行加密。分布式的 RS 文件系统为该平台提供了强大的支撑，用户的数据被 Sia 客户端依靠技术手段分离成很多部分，只存放便于用户恢复原始数据的少量残片。敏感的用户信息被压缩到 3MB 以下，基本是不可见的，这也就使用户的隐私得到了保护。

另外，每个压缩块都有密码，这就相当于加固了用户的密钥。而安全协议使黑客在平台窃取用户的行为变得异常困难，这样，数据在传输过程中即便被黑客截获，他们得到的也只是一个经过深度加密的二进制模块，而且破解这个模块也需要花费巨大的成本。

Sia 的复杂加密技术和去中心化的文件系统可以被应用于各种程序的开发，开发者可以方便地在 Sia 的客户端上进行文件存储，用户可以随时随地登录这个平台进行访问和调用数据，而且不需要使原先的客户端发生任何变化。

目前，Sia 平台正在与后台应用提供商 Crypti 合作。在这次合作中，Crypti 的工作人员可以在 Sia 平台中集成 API，并能访问 Sia 数据存储的客户端。Sia 团队解释说："作为去中心化的应用储蓄层，Crypti 已经镶嵌到了 Sia 平台之中。Crypti 是一个灵活的平台，它能合并多个后台，但是，Sia 的去中心化却是彻底的，并允许开发人员自由建立各种不同的应用。"

无论是 Sia 平台的用户，还是基于第三方应用的用户，他们都可以在平台上发布有关文件存储的智能协议。这种特点使上传数据的用户与主机的存储内容产生联通，这样，付费计划、额度和存储期限都可以被嵌入到区块链之中，并自动创建一个无法被修改的合约。

Sia 开发人员说，当协议使用期满时，主机就会发布一个证明存储数据的信息到区块链中。这种任务的轻松达成得益于 Sia 的大型分布式节点阵列。广义网中不存在任何编程逻辑，这就使得 Sia 在电力方面更加灵活多变。在电力输送的过程中出现自然灾害等不可抗力时，Sia 网络可以自动启动紧急避险模式，保障用户的数据不会受到任何损失。

目前，Sia 云存储网络的价格是 3 美元 /TB，不过，该平台的存储容量还没超过 2TB。不过，Sia 团队有充足的信心让更多的开发者和企业用户参与进来。随着平台越来越受人关注，这个团队将计划改进 Sia 协议。

7. 比特币的深层技术原理

比特币最初由中本聪在一篇论文《比特币：一种点对点的电子现金系统》中提出，这种系统建构在 P2P 网络之上。简单来说，比特币就是一种 P2P 模式下的"数字货币"，而点对点的传输则意味着它是一个去中心化的系统。比特币的发行不需要利用任何的发行机构，它靠技术手段设计出一种算法，并通过大量的计算产生。

当下，所谓的比特币经济，实际上就是通过 P2P 网络中的众多节点组成的分布式数据系统来记录所有的交易行为，而货币流通过程中的安全保障则采用各种密码技术。比特币网络的去中心化特性和算法可以保证任何人都无法通过各种手段创造比特币，而以密码学为基础的设计可以使比特币真正到达所有者手中。与其他"虚拟货币"相比，比特币的总量非常稀缺，经过几次幅度不大的增长，其总量被永久地限制为 2100 万个。综上所述，比特币的特点有 6 个，分别为安全性、开放性、对等性、共识性、有限性和匿名性。

比特币网络通过时间戳标记每一次交易，这利用了散列技术，并将其嵌入一个不断延展的工作量证明，以完善交易记录。其中，最长的链条可以当作处理器计算能力中的最大池，只要掌握不了网络中大部分的算力，就不可能对全网产生破坏。至此，诚信的节点就会快速成长起来，并打败破坏者的链条。

当然，比特币系统中最重要的工作还是实现交易的顺利完成。系统中的任何节点都在为了交易而努力，并力求在比特币网络中得到求证和传播，完成后则被添加到比特币交易的总账本中。数据结构是比特币实现交易的本质，这些数据结构包含了货币交易过程中的所有权信息，并在比特币地址上得到体现。

在比特币网络中，一枚电子货币的本质就是一串数字签名，每一个用户都可以通过对上一次交易和下一个所有者的公钥，签署一个随机性的散列数字名称，并且将这个名称加到电子货币的最尾端。电子货币至此就交到了下一个拥有者手中，而比特币的接收者就可以对这个数字名称进行验证，以明确链条的所有者。

这个过程的重要问题在于，收款人将很难保证在验证之前，某位电子货币的所有者没有进行双重支付。为了规避双重支付，我们引入了第三方权威和类似于造币厂的结构，用来对每一种交易进行检测。交易结束后，造币厂制造的电子货币将会自动回收，同时，造币厂在交易过程中发行的电子货币才是真实有效的。这就在一定程度上防止了双重支付的产生。不过，这个货币系统也有诸多漏洞，那就是造币厂又成了另一个中心化机构，不符合区块链的理念。

所以，我们需要保证收款人可以采取这样的方法，确定电子货币所有者没有对更早的交易进行签名。从逻辑上看，为了达到这个目标，只观察交易之前的交易即可，而不需要关注交易是否会出现双重支付。因此，要想彻底抛弃第三方中介机构，就必须把交易信息公布到网络上。这就需要区块网络中所有的参与者有一个唯一公认的交易序列，即保证在交易过程中绝大多数的节点都可以参与认同交易。

在比特币网络中，数据文件被永久保存，我们称这些记录为"区块"。一个区块可以存储所有比特币交易的记录集合。我们可以把区块当作一个进行资本交易的账本。通常，区块链新的记录被写入后，就无法被修改和删除。每一个区块记录了它被建立时进行的所有任务。

区块主要有两个结构，分别为块头和块体。块头主要用于链接前面的块，并为区块链数据库提供完整性的保障；块体则包含了经过验证的区块在建立过程中发生的价值转换信息记录。总体来说，一个完整的区块由交易内容、交易计数、块头信息、区块大小和神奇数组成。

在区块头中，记录有父区块散列值、时间戳、难度目标、随机数和版本号等信息。随机数本质上是一个对挖矿难度的解答，该解答对于每个区块来说都是独一无二的。新区块中如果没有正确的答案，就不能被发送到网络中。挖矿的本质就是在竞争中"解决"当前的区块问题。每个区块的问题看似很难解决，实际上，一旦发现有效的解决方案，其他的节点就能在网络中检验这个解的正确性。对于给定的区块，可能有好几个有效的解决方案。

对于矿工来说，每解决一个区块，他们就能得到一个新的比特币作为奖励。因此，每个区块中内嵌有一个记录，根据记录中所提供的地址就可以获得比特币的唯一地址，而这个记录一般来说是该区块的第一笔交易。

区块散列值更为准确的名称应该是"区块头散列值"，它可以用最正确的方式标记好一个区块，并且任何一个节点都可以通过散列运算获取一个独立的区块散列值。但是，区块散列值并没有包含在区块的数据构造之中，不管这个区块是在网络中传输，还是成为一个节点被永远保存，区块散列值都是通过每个节点的力量共同计算出来的，它可能会作为区块元数据的一部分存储在数据库表中。

第五章

重塑世界的商机

——如何驱动超前科技制造孕育财富的"时空隧道"

2017 年 1 月，全球区块链商业理事会（GBBC）成立，核心成员有全球级银行高管、前海地政府高层、前爱沙尼亚总统以及乌克兰商业部长等多国成员。该组织将提供一个区块链领域的商业合作平台，这也表明区块链对商业领域的巨大影响已经在世界范围内引起了轰动。

可以肯定，现在对区块链漠视的企业，未来很难取得大的发展。

区块链为商业领域带来的是真正的共享经济。目前，物流、能源、医疗等行业已经或多或少地开始利用区块链技术进行记录、身份验证、合同认证以及其他贵重资产的保护等，使区块链网络中的每种事物都具有数字所有权凭证，极大地提高了商业交易的安全性和效率。而商业信用的缺失，也正好由区块链来弥补。

1. 区块链支付系统真的可以"秒杀"支付宝吗

目前，所有的电子商务平台实行的都是中心化服务。电商巨头京东、阿里巴巴、亚马逊和当当等公司对卖家的监管非常严格，采用竞价排名的方式对商家进行筛选。这些电商平台利用中心化的优势收集消费者的个人信息，针对消费者的爱好和习惯，精确发布广告。由此可见，中心化所带来的利益多半被平台的所有者占有，而用户的个人数据则很容易被泄露，中心化系统的弊端越来越突出。

而区块链技术的出现，让那些对中心化平台头疼的人看到了希望。2016 年 4 月，去中心化公开市场首次亮相，在这个试运行的电商平台上，用户只要登录进去，就可以用比特币购买任何商品或享受服务，而不需要支付任何中间费用。福利不仅针对买家，卖家也可以实现与买家的点对点交易，不需要通过第三方来连接，也无须支付中介费用，即卖家无须向平台方支付任何租金或保证金。另外，卖家是否公开个人数据的决定权由消费者掌握。

我们可以用一个例子来说明去中心化商务平台的交易过程。

比如，某人有一台旧家电需要出售，那他就可以在网上下载该平台的客户端，然后手动在计算机上创建商品信息目录，并标注好商品的具体参数发到网上。这些准备工作和中心化平台并没有太大区别，只不过，该商品目录不是发送到平台的拥有者那里，而是存储在一个分布式的网络系统中。这个系统是点对点架构，其他登录该平台的用户只要在搜索引擎中设置关键词，如"电子商品"，他们就可以发现这台旧家电的目录。

用户可以就此做出选择——接受这个价格还是不接受，如果不接受，他自己可以提出能够接受的价格区间；如果买卖双方都同意该价格，平台就会在双方的数字签名之间创建新的合约，并将合约发送给第三方公证人。不过需要明确一点，第三方公证人绝非中心化平台的拥有者，而是该平台上的任意用户。他们可能是你的邻居，或者是地球任何一个地方的任何一个人，他们在你和其他用户产生纠纷时介入，并利用自己所持的合约判断双方的行为谁是谁非。

第三方通过合约验证之后，开始建立比特币仓库，并且使用多重签名。买家只有拥有三个签名中的两个，比特币才会发送到卖家的账户中。当买家将自己持有的比特币发送到多重签名的位置时，卖家就会在第一时间收到信息，了解到买家已经发送了比特币，此时，卖家就可以邮寄商品了。收到笔记本后，点击确认收货，这时候，多重签名的位置就会自动放行买家的比特币。至此，卖家获得了比特币，买家得到了商品，双方都不用支付交易中介费。

当然，交易过程中出现问题是在所难免的。例如，你要买一张光盘，当你已经向多重签名的位置传送货款，并收到货之后，却发现货发错了或者货物出现瑕疵，甚至是卖家迟迟不发货。当出现这种情况时，就需要第三方公证人介入。在多重签名系统中，多重签名需要集齐三把密钥，才能取走多重签名位置中的比特币，而第三方公证人持有第三把钥匙，他成为了调解这次矛盾的关键。

也就是说，只要第三方公证人保持沉默，即没有判定买家和卖家谁是谁非，那么多重签名位置中的比特币就不会被移动。但是，在第三方认证人的信息不公开的情况下，怎么才能判定这个公证人值得信任呢？

为了解决这个难题，该平台建立了一个信用评价系统，在这个系统中，世界上任何一个用户都可以对其他用户进行评价。如果有用户在作为第三方公证人，却出现不公行为或欺骗行为时，其信用将会严重受损，而信用记录也会一直伴随着该用户。买卖双方选择第三方公证人时，就可以根据这些信用记录来判断第三方公证人是否值得信任。除此之外，买卖双方还可以协商建立一个投票系统，召集卖家和买家都信任的用户，然后投票选择第三方公证人。

对于国际贸易而言，区块链更是发挥着重要的作用，不仅能实现跨境支付，还可以对世界各地的资产和交易数据进行加密，防止数据被抹除和篡改。因此，区块链能够最大限度地规避国际贸易中的失信行为。此外，以区块链为基础的"智能合约"可以保证国际贸易中的货物追踪和转运记录不被更改，因其信用程度高，完全可以淘汰国际贸易中落后的信用凭证。

2. 区块链物流——令人畅想的"新货运时代"

物流是当前网上商品交易的最后环节，也是非常重要的一个环节，无论交易的其他环节多么顺利，若是物流出了问题，一切都将化为泡影。早在 2015 年，京东、天猫等大型购物平台就曾经因为销量过大、物流不堪忍受压力而爆仓，丢件漏件、包裹损毁的情况频繁发生。

要解决物流的难题，就需要建立一条可完全追踪快件运送数据的体系。人工输入物流信息很容易导致数据丢失，甚至很多不正规网点直接卷走消费者的包裹，一夜人去楼空。而将区块链技术应用到物流行业中，可以有效杜绝这类问题，因为它可以为物流数据提供最安全的认证服务，并防止信息在中途被修改或删除。

在基于区块链系统的物流体系中，每一个快递员都有一个密钥，密钥是否交付到下家或者消费者手中都可以在区块链中查看。当快件需要转移位置时，发送者和接收者必须进行密钥对接和确认，以确定交接顺利完成。而快件的数据和散列值都会被永久保留在区块链上，无论快件转移发生何种变化，新的数据都会随时记录在区块链中，以便随时查看。

消费者可以要求寄件人设定一个公钥地址，快件到达公钥地址后，签收自动进行。当然，消费者也可以自行设定一个公钥地址作为代收地点。而此次运输的物流信息只有消费者、寄件人以及国家监督部门可以查询，其他人未经许可不得查询此类信息。这就保证了消费者的隐私。

应用区块链技术的物流相对于传统物流有更大的安全性。快件转移的每个环节都需要进行公钥确定，更重要的是，只有消费者收到快递，或快递到达用户指定的公钥地址，任务才算完成，否则就不会显示签收。这避免了物流工作人员伪造消费者签名来逃避考核、消极怠工的行为，同时，通过区块链还可以正确掌握物流运送方向，提高运送速度和工作效率。

另外，区块链技术还可以帮助各个企业控制货物的仓储、运输及交易，必要的时候，生产商、制造商、代理商和政府监管部门还可以共享一个生产记录，使产品的各个环节都得到有效的控制。

3. 区块链能源的"自产自销"之道

未来社会的用电量会越来越大，这就决定了电网的终端将会越来越多，这些终端种类繁多，包括光伏系统、分布式计算系统、智能设备和微电网，尽管每家每户的太阳能板可以在一定程度上实现能源的去中心化，但其配送仍然离不开中心化。面对日益增长的需求，人们正在思考如何自动自发地保证各个节点之间的能量传输。其实，如果把区块链技术应用到电网之中，建立区块链电网，就能很好地解决这个问题。

美国布鲁克林创业公司已经开始了区块链电网的试水，其公司创始人里昂曾经自信地表示，比特币的影响是空前的，但能源领域的区块链技术应用将会更加广泛，甚至超越比特币。该公司的主要项目就是利用区块链技术管理微电网上的电力供应。

该项目旨在建造基于以太坊的智能微电网支付系统，实现个体对个体的能源控制与交易，两个节点的模式建成之后，就可以在微电网上收集各种发电信息和数据，并将其保存在区块链系统中。另外，该项目还包括了基于"智能合约"的软件区域和智能仪表的硬件区域。整个区块链电网以以太坊为基础建造，可以提供一个能够审计且很难被修改的交易记录。而连接该平台的用户都配备了可以连接到区块链系统的电表，可以实时追踪家庭的用电情况，并能与周围的用户进行电力交易。

例如，布鲁克林公司的区块链电网是在总统大道周围布控的，街道北边有6户家庭利用太阳能电池板发电，街道南边则有6户家庭通过电表购买北边用户的电力。他们的交易都在区块链网络上进行，不需要第三方介入或管理交易环节。

在区块链电网系统中，如果某用户的电能没有完全卖给周围的用户，那么他的剩余能源将会在一个独立的交易平台进行出售或者以低价卖给发电厂。由此可见，一个本地的智能能源交易系统，要比传统的中心化供电系统更加有效率，也能更好地节约成本，区块链对于微电网系统的建立意义重大。

以太网平台层和微电网同样重要，它可以建立一个个人对个人的微电网交易系统。在这个系统中，每个参与的家庭都可以产生电力，也可以将多余的电力消费，这是典型的自产自销。区块链电网中，存储在用户电表上的能源数据可以在平台上作为代币使用。这种剩余的能源也具有相当大的价值，它既可以通过智能仪表来参与交易，也可以在微电网上根据"智能合约"进行能源交易。这就在无形中提高了电力的利用效率，有利于发展绿色能源。

在全球范围内，基于区块链的电网正在逐渐增加。2016年年初，三星和IBM公司展示了基于区块链技术的概念电网平台。该平台中有明确的"智能合约"，并能在交易过程中自发互动，建设在该平台上的区块链电网使家庭用电的透明性大幅度提升。另外，奥地利有一家名叫电网奇点的公司，它试图利用开放的区块链技术来实现能源之间的交易，使自产自销的电能发展起来，其最终目标是为能源系统建立一个区块链平台，以适用目前所有的能源交易。电网奇点公司 CEO 艾达表示，未来不会形成一个统一的区块链，而是会形成由许多不同的、重叠的区块链组成的区块链系统。

除了微电网，区块链技术也可以应用于新能源汽车。德国的莱茵公司以前主要生产电力，并一直研究区块链技术的应用，该公司以以太坊为基础，建立了电力汽车充电站，并利用区块链内部的协议对用户进行管理。

在充电站，用户可以进行认证，并完成支付环节。在充电时，用户先与充电站建立一定的联系，然后在网上将钱款转到区块链上的签名地址。充电过程中的计费主要按照用电量，而不是充电时间计算。这种方式不仅杜绝了在交易中弄虚作假，也可以方便企业对电力进行有效的分配和部署。

4. 区块链医疗让患者翻身做主人

患者到医院就诊，最不能缺的就是病历，而所谓病历，就是医生在诊疗过程中的数据。早在 20 世纪 90 年代，世界各国就开始推行电子病历。这种病历提升了医院的工作效率，方便他们记录和查找病人的各方面信息。但是，我们不得不承认，电子病历只方便了医院，大多数患者却得不到自己的病历信息，即便患者找到医院，院方通常也会以各种理由拒绝用户查看病历。这既不利于患者跟踪自己的病史，也给医院的利益隐瞒或虚报患者病情的行为提供了滋生土壤。

中国有法律明确规定，患者有权查看、复制客观病历，而区块链要解决的就是如何将这条法律更好地落实下去。美国政府为了使患者能够自由查看自己的电子病历并随身携带，投资 400 亿美元建立了区块链医疗体系。但在世界范围内，很多私人医疗机构仍然为了自己的利益而将数据隐藏在自己的狭小空间。而且，这部分数据并不安全，往往会由于机构内部领导层的意愿而被随意删除或修改。这极大地浪费了社会资源。所以，我们要创建一个点对点、基于时间戳的病历，并且不会出现断链，可以把患者的健康履历完整地记录下来。这是一种去中心化的模式。

但是，也有专家对区块链应用于医疗行业的前景表示怀疑，理由是目前患者的主动治疗意识较差，不怎么关注自己的身体状况。实际上，未来开放式的全民医疗很快就会到来，届时，患者将成为诊疗过程的中心，而不是由医院来主导和控制，而区块链技术将是改变这一切的关键。在区块链医疗系统中，患者可以自由获取医疗信息，并监管治疗过程的方方面面。这不仅可以有效降低医疗成本，也可以更好地预防突发疾病。倾向于新型医疗的有关专家表示，随着医疗的网络化和市场化，患者必定会成为医疗模式的关键。

个性化是未来医疗发展的重要方向，如果患者连自己的医疗数据都拿不到，那就不能使自己的隐私信息得到妥善保管，个性化和智能医疗更是遥遥无期。以往，医院是中心，面对无数的患者；而现在，每个患者都是一个中心，千千万万的患者就组成了去中心化的模式。当然，我们也应该意识到新医疗的陷阱，因为在这个时候，帮助医药生产厂商打广告的公司也可能会利用云计算技术建立患者的资料库，并填报虚假信息。这时候，我们要有一定的分辨力。

患者的隐私权相当重要。对于自己的病情履历，只有患者一人有权处理，未经患者允许的任何观看、干涉，甚至用于商业目的的研究行为，都侵犯了患者的人格权利。但在区块链技术的作用下，这些问题都可以迎刃而解。

开放的医疗数据环境虽然是大势所趋，但患者自己的数据是否能归自己保管是首要难题。而区块链系统的散列算法加密技术正好可以使患者的隐私得到保护，也能有效防止患者的医疗数据被窃取。

在以往的体系中，技术的进步对人们的帮助并不明显。医院为了盈利而给医生施加压力，所以医生只能想方设法让患者多花钱。这就陷入了一个恶性循环，患者的满意程度也不会提高。应用区块链系统后，医疗体系正在往去中心化方向靠拢，这使医院约束医生的能力降低，其他方面也变得更加透明。

去中心化的模式建立之后，医生就需要在区块链中树立自己的信誉，这使他们彻底脱离了医院的不良控制。但同时，他们对区块链的依赖增加，从而更加关注自己的信用度。其实，这也可以看成是将医生的信用度在区块链上进行积累。

在区块链系统的帮助下，医疗保险既可以来自当地，也可以来自全球。也就是说，区块链可以帮助医疗保险实现跨区域沟通，并传递有价值的数据。区块链技术及其相关应用在数据上是世界性的，因此，当医疗从以前的中心化、固定化模式转变为现在的点对点双向交互平台时，地域的限制就变得无关紧要了。

目前，医疗市场上活跃着众多疾病众筹组织，这些组织有很多都基于中心化运营。但这存在这很多弊端，如支付者不容易查看自己的保险情况和不清楚资金去向等，而区块链众筹互助组织能够规避这些风险。该组织实际上根本不用触碰资金，所有的资金都是通过第三方支付者直接交给需要保证金的人员，同时保障所有的交易数据可以实时查询。而新的精算模式也会出现，让平台中的每一位成员都可以获得公平的保障。

很多传统医疗保险公司的保费和佣金相当高昂，而且计算方式复杂。这显然是把医疗当成了一种欺骗投保者的金融游戏，而基于区块链的医疗保险公司可以完全规避这些问题。在区块链系统中，代币的价值会根据实际情况灵活调整，并可以在写入合约后自动执行。

在区块链保险系统中，第三方健康档案可以主动鼓励患者对自己进行健康关注，并把奖励写入协议。结合物联网技术，该系统就可以尽可能地使医疗体系公平运作，并将更多的资金投入第三方管理档案中。这是传统的医疗保险公司无法做到的。

在医疗保险方面，区块链技术可以降低审计成本，并且包含各种详细的医疗数据和身份识别功能，以保证医疗费用不被篡改，从而建立健康互助的保险基金组织。

医疗数据中，有很大一部分来自于传感器的监测，其余则来自于医疗机构以及体验机构直接录入。这些数据利用区块链技术可以组成健康云数据。在健康云数据中，患者的各种数据信息、交易数据，以及治疗的流程都可以存储于区块链。利用云存储的大容量特点，可以完整保存各种医学视频、语音教学或图片等。在区块链中，只要存储文件的散列值就可以了，而大文件则能够放到云存储中。因此，区块链对于大文件不需要完全保存，只要表明它实际存在就可以了。

在系统中，我们可以利用散列密码和区块链技术，让患者拥有属于自己的密钥，并熟练运用各种技术，从而打造医疗的生态链。在关键工作中，服务器的中心化模式一直发挥着重要作用，区块链技术是患者密钥的技术保证。

以区块链为基础的用户健康数据，可以使患者对自己的病情更加了解，也方便了用户选择合适的治疗方案和医师，而且不用担心数据被窃取。当然，用户也需要保管好自己的密钥。患者的健康数据也可以进行出售，但决定权在于患者，当患者将这些数据加入区块链时，就可以在上面自由交易。患者也可以授权医疗科研部门研究自己的健康数据，并定期获得收益。

区块链技术所带来的去中心化和去信任化的模式，使其在医疗领域的应用已经不单单满足于技术方面，而是可以加速整个医疗行业的改革。医疗领域的市场非常广阔，区块链发展带来了一场医疗产业规范秩序的大洗牌，让患者重新回到了产业中心的位置。这对社会来说是一个巨大的贡献。

第六章

遭逢颠覆的领域

——怎样驾驭无坚不摧的新型技术介入多元化领域

区块链是一个分布式的数据账本，它提供了详细完整的连续交易支付记录，这些记录在学术上称为"区块"，很难被修改和删除，并且每一个区块都有一个对应的时间轴，可以实现相邻区块之间的连接。区块链是比特币的核心技术，它的出现颠覆了很多重要领域，最具代表性的当属金融领域。

早在 2016 年夏天，世界经济组织就提出了"区块链如何颠覆金融服务"的报告。报告显示，区块链技术将会对世界金融体系进行彻底改造，降低金融机构的资源消耗，提高运营效率和金融业务的安全性。

在世界各个多元化领域中，互联网公司、制造公司都对区块链技术产生了浓厚的兴趣，并积极投入区块链系统的开发和推广。这些进步又反过来影响了金融领域内的证券市场、投资市场以及银行，使沉寂了多年的资产管理市场重新焕发了生机。

1. 如何依靠区块链技术洗尽票据证券市场的暗箱

相比于传统的交易支付体系，区块链的显著优势就在于交易双方可以随时随地自主进行，无需任何中介机构，即便部分节点被破坏或陷入瘫痪，整个体系的平稳运行也不会受到影响。如果依靠区块链技术建立一个全球通用的分布式金融交易体系，使用户可以进行跨境清算支付，久而久之，跨境支付的速率将会有质的提升。

在票据市场，基于区块链技术的数字票据更加安全有效，并能借助区块链技术率先实现点对点的交易体系，打破原有的中心枢纽。以后，数字票据系统将不需要任何的中心服务设备，这就可以省去大部分系统维护的费用，也减小了中心系统瘫痪和整个体系崩溃的风险。区块链系统很难被修改，因此，票据交易一旦完成，我们就不用担心有人赖账或违约，这就在无形中规范了票据市场的秩序。

在证券市场，区块链技术也可以大有作为。目前，传统的证券系统具有交易流程偏长、交易速度偏低、交易综合成本偏高等缺点，而且中介和监管机构的权力偏高，往往存在暗箱操作，致使消费者的利益得不到保障。而区块链技术可以使交易双方通过协议与合约实现智能配对，从而使交易的速率得到大幅度的提升。利用分布式的数字账本可以实现自动结算，而且存储在区块中的数据很难被删除或修改，并能以最快的速度复制到每个区块中。这实际上就起到了公告的作用，可以确保交易过程中很难产生欺骗行为。

金融证券市场的交易以前至少需要"T+3"天才能完成，既浪费了时间，也消耗了大量的资源。但有了区块链技术的支持后，就能大大缩短交易时间，甚至可以用分钟来计算结算与清算的时间，这就相当于节省了大量的时间费用。据统计，英国两家大型证券交易所每年的结算和清算费用达到700亿美元，其中大部分是时间成本。如果将"T+3"天减少到10分钟以内，那每年就能节省200亿美元以上。此外，在证券发行过程中，区块链技术还能使股票的发行趋于全自动化，从而提高注册效率。

在整个区块链系统中，每一个节点都能得到一份完整的信息记录，这有利于权益证明系统的效率优化。区块链技术完全可以为权益的拥有者，特别是股权持有者提供私人密钥，并证明他对该股份的所有权。股权持有者可以通过区块链系统将股权转让给网络中其他的用户，并且流程清楚，产权记录被完整地存储在区块链中，无需第三方参与。

在代理股票方面，传统的股东代理机制程序繁琐，而且容易被人利用而沦为欺诈的工具。我们先梳理一下传统的模式流程：资产管理者发出投票命令后，代理投票经纪人将该命令传输到投票分配者那里，再由投票分配者将命令依次传输给托管人以及子托管人，并由托管人请求公证人对投票命令进行审判，然后向登记一方提出要求并完成注册，最后，投票信息才被统一处理并交到公司管理者手中。

这样的程序非常复杂，并且没有一个固定的标准。在投票过程中，每一个流程的失误都会使得投票的效果出现较大的偏差，甚至导致投票丢失。另外，托管人和子托管人使用的传输系统和字符识别系统不同，这就导致投票的确认工作非常繁琐。即便是互联网投票机制，也是围绕中心化系统而展开，尽管速率显著提升，但是仍然存在投票数据丢失和被修改的危险，这为暗箱操作提供了很大的空间。

不过，利用区块链技术，权益双方就可以有效地规避这样的风险。只要网络中的投票人投出了自己的一票，这部分信息就会被永久写入区块链，并被永久保存起来，任何人为或技术手段都无法对这些信息进行修改。如果后期出现争议，争议双方还可以从区块链中提取出投票数据进行比对，从而确保投票人的权益不受损害。

在贷款和征信方面，银行放贷主要依据借款人自身的偿还能力和信用，各个银行将借款者的还款数据上传到中央银行的征信中心，需要查询时，可以直接从中央银行的数据库下载。这个流程非常复杂，而且信息不完整，如果央行的内部人员出现问题，这些数据信息就有可能被篡改。而有了区块链技术的支持，银行就可以依靠平台强大的算力自动分类整理出海量的数据，并将其存储在区块链网络的硬盘中。这样一来，数据变得透明，修改难度加大，从而降低了使用成本。各大商业银行可以将用户的信息以加密的形式存储在本机构的区块链系统上，客户在申请贷款时就无须去央行查询借款人的信息数据。这是一种银行去中心化的形式，贷款机构只需要从区块链中调出相应的信息数据，就可以完成信用调查工作。另外，以区块链为核心的智能资产在建立信贷关系的时候，不需要再耗费时间去进行细致的调查，在区块链上已经注册的数字资产可以通过私人密码随时使用。银行通过区块链向借款人放款的同时，可以追踪借款人的智能资产并作为抵押，而追踪依靠的便是"智能合约"技术。借款人如果不能如期归还借款，其智能资产将会被扣押。这就在一定程度上降低了借贷双方发生纠纷的概率。

区块链技术还可以直接应用于企业与企业、企业与个人以及个人与个人之间的借贷。区块链技术可以打破互信关系的困局，提高借贷的效率，优化借贷环境，降低借贷风险。区块链技术在金融上的另外一个重要应用是数字企业债券，可以由发行人自己在区块链上录入，如果出现第三方担保和有智能资产做抵押，那么系统就会将之一并锁定，债券的投资人通过各自的接口进行认购。当发行人将本金和利息全部收回，双方签订的各种合约一并解除，整个流程至此结束。

虽然直到现在也没有出现基于区块链技术的成熟平台方案，内部存储容量扩展性、隐私保护、净额结算和追索技术存在很多难题，大范围的应用区块链技术还需要重新架设业务流程，但这些都是技术层次的问题，假以时日，我们必定能冲破局限。区块链中的协议和合约是基于数学算法，使交易双方的信任关系不需要任何中间机构来实现，这就等于实现了零成本维护信任。另外，区块链代码是开源的，在全球范围内都可以建立，这就为未来金融发展奠定了技术基础。

2. 区块链技术鏖战世界级银行

银行业正在积极探索区块链技术，主要包括银行商业模式的钻研、区块链技术的系统部署以及基于区块链技术的金融产品的研发。银行体系的特点是服务中介化，即依靠中介建立自己的信用体系，而区块链技术正好相反，它基于去中心化的思想产生，会对银行的系统产生颠覆性影响。

就拿贷款业务和支付结算业务来说，去中心化的模式就等同于消除中介，实现贷款和支付点对点，让用户之间实现无成本的沟通。这就相当于架空了银行的权利，也使银行失去了主导交易的地位。为此，很多银行开始强力抵制区块链技术涉足金融业，并提出了一系列的理论，试图突出区块链的弊端，混淆视听。但实际上，区块链技术应用于银行业是大势所趋，与其强烈反对，不如主动创新，主动转型。就像当年互联网浪潮来临时，很多企业进行大变革一样，如果银行业也这样做，兴许会成为金融领域的佼佼者。

从金融产品上说，资本交易、结算、转账、汇款以及非货币业务在区块链的帮助下，都可以实现质的提升。瑞士联合银行就曾经在伦敦建立了一个专门研究区块链在金融行业中的应用的试验机构，目前已经试验了20多个金融应用，包括智能债券、支付系统等。瑞士联合银行CEO欧里表示，区块链技术极有可能对金融行业产生巨大的影响，当然，这些影响都是有利的，首要的就是使银行的工作流程大幅度简化，降低经营成本。

此外，桑坦德银行也正通过各种金融技术，逐一监测区块链技术在25个领域的实践，并指出区块链技术如果能够得到很好的应用，将会每年为银行节省超过 150 亿美元的交易与清算成本。2016 年，很多世界级银行都开始了将区块链技术和自身业务相融合的试水。

不过，世界各大银行对于应用哪一种区块链技术还很懵懂，像以太坊、瑞波币和侧链也都在实验中。目前，银行业更喜欢选择技术已经成熟的应用，因为这才能保证工作的稳定进行，并确保不会出现大的失误。美国花旗银行就曾经尝试使用了多种分布式账本系统，用于研究区块链推动价值转移的最有效方式，并逐步实现资金在全球的流动。而苏格兰皇家银行和加拿大皇家银行则把瑞波币当成了重点研究对象，除此之外，很多银行都在使用微软和 IBM 公司提供的区块链服务。

2016 年，全球各大银行纷纷提出自己的"数字货币"加密计划，因为以太坊、比特币等原有的"数字货币"都有了自己的体系。而为了在保持自己地位的同时跟上时代的步伐，各大银行都希望发行属于自己的"数字货币"。花旗银行在 2015 年年底发行了花旗币，2016 年，日本三菱东京银行也发行了自己的"数字货币"MUFG，用来节约资源和提高工作效率。

纽约梅隆银行也开发了自己的"数字货币"BKC，BKC 是一种测试币，可以对比特币进行一次验证。这是一种新的金融事物，是一种基于私有链的思想。但也有很多银行采取了不一样的方法来考虑区块链技术，他们对市场上已经流通的"数字货币"持肯定态度，或者干脆与发行"数字货币"的公司展开合作。英国的巴克莱银行就率先接受了"数字货币"，并开展了一系列针对"数字货币"的孵化项目，后来又鼓励慈善机构接受比特币捐款，带动了欧洲的很多银行接受比特币的交易与支付。

目前，银行基于区块链的最典型的应用就是汇款转账业务。加拿大皇家银行就进行了一次瑞波币技术的试水，它依靠雄厚的资金，建立了一个分布式总账的概念性汇款证明。这说明瑞波币的安全性、可靠性与可扩展性是非常高的，并且能在各大银行进行大规模部署。加拿大皇家银行一直在区块链技术上深耕，还为此开发了一个以区块链技术为基础的忠诚管理平台，其中，客户账户的忠诚度决定了他们使用代币的权限。2016 年，加拿大皇家银行宣布进一步扩大瑞波币系统的使用范围，把区块链发展到整个资本市场和"智能合约"等领域。

欧洲创新实验机构曾经向人们展示了自己的区块链概念应用，借助这个应用，人们可以在区块链中进行基于比特币的汇款。在这个测试环境中，比特币区块链将资金传送出去，实现了跨境发送，并且通过 VISA 设备进行录入，其最终目的就是建立跨境结算的优化引擎，并且在分布式账本中实时结算，实现多个跨境专属支付系统。

以区块链技术为基础的跨境汇款可以在去中心化的模式下，使用户以最低的费用和更快的速度完成跨境转账，这其中蕴藏着巨大的市场空间。瑞波币的出现就提供了一个很好的契机，它可以帮助银行建立一个去中心化的世界级汇款系统，而银行提供的高端技术和底层协议，极大地降低跨境结算和亏款的成本，实现币种和市场的完全覆盖。

票据的电子化一直以来采用的都是中心化机制，我们以电子汇票系统作为实例，其基本流程是先由中央银行发起，并完成以中心枢纽为基础的注册和数据交换,其他银行或者企业可以通过直接或间接的网络方式接入。这就使各项基本业务都能通过一个系统信息通道进行传输。这是一种集中式的数据管理平台,缺点是系统负担过重,安全性也偏低。

区块链技术可以给票据系统带来新生,采用区块链去中心化的分布式账本,能够很好地改变现存的系统存储和传送结构,构造出属于自己的安全运行方式,完美解决有人在票据上弄虚作假的问题。而通过一个时间戳,我们可以完整地描述票据从产生到删除的过程。

德意志银行正在加快数字化银行的前进步伐,并大力发展区块链技术,努力与最新的数字市场进行全方位的合作。2015 年年底,德意志银行开始了以区块链技术为基础的技术公司债务平台的试水。

日本的很多大型银行建立了以区块链技术为基础的本票交易系统,以此来测试区块链本票的各种概念证明。本票相当于合约,是由一个人颁发给另一个人的书面承诺。这个系统可以全自动出售或者赎回票据,相对于传统的交易方式。这个平台的交易成本和交易风险更低,它也可以为用户提供所需的机密和隐私保护,同时使审计人员和监督机构的工作变得更加透明。

3. 区块链技术与反洗钱安全测试

区块链的一个重大作用就是可以在第一时间发现洗钱行为,并进行反洗钱。区块链可以利用各种分布式数据库来存储交易信息,并对客户的身份信息进行实时追踪。各大金融机构可以将验证后的客户信息收集起来，并在区块链中存储。同时，金融机构为交易中的实体提供了一个私人密钥，并将用户的位置和电子身份证明联系在一起，只要发生交易，就需要借助私钥和银行所持有的公钥进行认证。

这种可以使各个金融机构在区块链上实现信息的可公告性，使交易过程中的任意一个环节都无法脱离系统的监督。有了这样的机制，非法所得的钱根本不可能被"洗白"，这就在一定程度上杜绝了违反法律谋取利益的行为。同样，区块链系统中的各种规则和逻辑，可以自动验证用户的合法性与交易的公平性，不合乎规则的交易会被系统拒绝，非法用户也无法进行任何与交易有关的事项，整个金融行业的规范程度也将进一步得到提高。

从区块链银行的走向来看，其开发模式可分为三种：一是以商业银行为依托，成立研究区块链的独立部门，其中，花旗银行、瑞士银行和纽约梅隆银行就是围绕结算模式、"数字货币"和支付等领域来分析区块链技术的具体应用；二是以商业银行的本体投资金融科技公司，以创新投资的方式进军区块链领域，高盛、西班牙、澳大利亚和西太平洋银行使用的就是这种模式；三是商业银行积极与创业公司合作，如澳大利亚联邦银行和巴克莱银行。

在世界范围内，投资银行和交易所等金融机构对区块链技术的开发十分重视，巴克莱银行、瑞士信贷银行、花旗银行和高盛等顶级投资银行，正在准备利用区块链技术为银行业制定行业标准和合约。此外，各个国家的银行对专利非常重视，这体现了保护知识产权的意识。

2016 年年中，软银旗下的网络银行已经完成区块链总账试水测试，软银网络银行使用的是一种私有区块链，它有 6 个节点来支撑云服务器，在整个实验的过程中，系统可以同时支持 250 万个账户完成取款、转账和汇款等工作，可以在实际运营环境中无缝拼接并迅速完成指令。

例如，一个节点收到指令："a 用户转账 1000 元到 b 用户。"那么这个节点在确认了 a 用户的账户余额后，就可以向另外 5 个节点传送交互消息，这 5 个节点确认之后，网络就会自动完成节点间的共识机制，并重新建立一个区块链，而转账也在这个时间段同步完成。

软银的网络银行目前已经通过测试，测试结果表明，软银网络银行的区块链技术试水完全符合系统的要求。不过，立即使用区块链技术替换原有的系统，太过仓促，为了维护银行的基本业务正常运行，需要慢慢对当前的系统进行评估并改进。

软银内部专家认为，使用分布式账本系统可以使硬件基础设备的成本大幅度减少，而且，软银集团在总账架构中采用比较开放的系统，这使得出现技术故障的概率大大减小，虽然还有一些细节需要充分考虑，但利用区块链技术的新系统逐渐取代旧系统已是大势所趋。

4. 区块链建设新概念投资市场

投资市场是区块链的重要应用场合，有专家指出，区块链技术将会建立新的资本市场，并全面影响商业模式。的确，区块链技术的应用将会为金融市场带来翻天覆地的变化，不仅可以使支付和交易的速度加快，还可以减少资本市场需要维护的数据的总量，使跟踪系统更加精确。

在传统的证券交易中，证券发起人发送交易命令之后，资产委托人、证券经纪人、中央注册机构和中央银行需要协调工作，才能最终完成交易。这个流程的复杂性造成了工作效率极为低下，成本也高。最为重要的是，这种中心化模式给了中介非常大的权力，他们往往能左右整个市场的资金流向。

而使用区块链技术后，买卖双方就能在"智能合约"的控制下实现自由交易，并通过数字化分布式系统进行注册，通过系统实现自动结算和清算。区块链内的数据无法被抹除或修改，并且能在短时间内被复制到所有的区块之中，这就相当于一种信息公示机制，使交易的产生和结束不会出现任何争议。

很多交易所的专家认为，区块链技术虽然不一定能完全取代市场内的所有交易活动，但可以完全取代场外的交易。因为市场内的交易流动性大，交易总量和速度都已经达到了空前的高度。这对于还在发展期的区块链技术来说有些力不从心。但场外市场则是分区域的交易和资本市场，其业务类型也多为固定收益类产品交易，这为实现区块链应用提供了有利的条件。美国的纳斯达克交易就建立了一个基于区块链技术的应用交易所，可以全方位跟踪私营企业的股权交易，并完整记录股东和投资人的个人信息，这对以资产数据分析为主的私募股权市场意义深远。

Chain 是由多家大型金融机构共同投资的一家以区块链技术为主的数字资产

创新企业，它建立了一个全新的交易结算系统，可以由数字资产公司利用区块链技术做开发。与此同时，ASX、DAH 等几家国外的大型数字资产公司，也都利用区块链技术在证券交易市场进行了试水。

多伦多证券交易所的首席数据官罗瑞先生负责研究和测试区块链技术，其目的是搭建一个基于区块链的全新交易系统。2016 年 3 月，日本瑞穗金融集团完成了一个区块链的试水项目，并全面探索区块链技术在跨境业务中的具体应用，通过区块链技术建立一个低成本与高安全性的跨境结算网络。这个系统可以实时进行数据沟通，并防止数据被修改和占用。

信用违约互换也是在国外证券市场最常见的信用产品，债券主体无法偿付，他有权将自己手中的债券以面值传送到出售者手中。这可以有效地避免因信用产生的纠纷。当前，美国的很多结算公司已经完成了利用分布式账本技术进行产品交易的测试。

很多情况下，在线的零售商有可能成为利用区块链技术发行数字股票的先行者，创业公司的老板只要将智能证券发给投资者，就可以融到大量资金。当一个平台拥有众多证券发行者和投资人时，这个平台实质上就是一个区块链众筹平台，区块链生成的电子证书可以实现资金快速流通，并确保证券的安全。

保险行业也是区块链应用的重要领域，它可以使保险市场具有强大的抗风险、高识别精确度和快速反应能力。全球性的保险市场劳合社就采用了区块链技术来加强市场数据规划，降低行政工作的成本，具体措施包括两个方面：一是建立以区块链为基础的数字化交易系统，并用区块链技术建立一个数字化的账务系统，投入全球的保险市场；二是将分布式数据库系统用于保险市场，并提供一个安全的、无法篡改的数据库。这才是保险市场所需要的包含交易双方、交易时间和交易内容的不动数据。

德国保险巨头安联曾经开发了一个区块链概念产品，该产品的主要作用就是在世界范围内建立一个防止被修改的数字化分类账单，帮助财产保险公司降低风险。

很多创新型的保险公司正尝试在保险业务中加入"智能合约"系统，而区块链技术可以使保险公司内部的合约执行效率显著提升，并且可以控制合约的记录和执行。区块链保险是对保险行业的突破性创新，可以实现真正的点对点保险模式，使保险公司关注的重点从简单的资产管控升级到风险运算分析。在这样的一个平台上，消费者可以大胆提出自己的保险需求，可以标准化，也可以实现某种特殊需求。

保险公司可以计算出预期的回报，在网络中公布自己的保费计算方式后，投资者可以根据自己的喜好选择保险产品，而这些都可以通过众筹或者点对点交易的方式来实现。投资者使用智能化合约，还可以在用户提出索赔需求的时候，第一时间将资金发送给客户，而实现这一切并不需要任何中介机构，整个业务流程也更加透明和真实。

保险公司可以完全保障索赔的真实性，从投资者的角度来看，这就相当于得到了一个新的投资机遇，同时也意味着高额的回报，因此，个体投资者也可以自由加入资本市场，并加深对市场的认识。对于用户（消费者）来说，由于大量投资者参与竞争，整体的保险费用就会被拉低，用户可以更加轻松地选择适合自己的保险产品，而交易过程也有更多的保障。

5. 区块链在资产管理上的优势和劣势

由于对实物资产的证券化和数字化管理，区块链在资产管理方面也有很大的作用。数字化资产可以存储在区块链中，一旦收到交易命令，就可以迅速将资产转移。在"智能合约"中，区块链系统会根据网络上的数据对合约进行验证，并自动记录时间。由于区块链上的信息无法被修改，也不可逆，这就保证了合约的安全性和可靠性。

通常，对于钻石领域的项目，区块链的应用是非常有必要的，它对钻石交易进行可靠的验证和交易记录，并建立数字化分类账本，从而杜绝盗窃和诈骗行为。除了钻石领域，区块链在房地产购买、托管和所有权转移等不动产领域也有很大的应用。以前，欺诈性转让房产的现象屡禁不止。这是因为，有一部分信用不好的人虚报房产，骗取金融机构的贷款和抵押贷款。当欠债人偿还不了债务时，银行才发现被抵押的房产并不属于欠债人，因而无法将房产收回。这样的行为曾经使美国的房地产行业在一年内损失了 5 亿美元。

如果把区块链技术应用于房地产领域，就可以轻松建立一个无法修改的账本系统，并且实现信息共享。而任何一套房产的转让过程都能被记录下来，如果欠债人名下没有房产或欠债人的房产被转让，金融机构就能在第一时间通过区块链系统发现问题。

美国很多房地产公司都已经运用了区块链技术，这些公司已经推出了自己的平台原型，并利用彩色币管理系统来管理比特币上的数字化资产。除此之外，这些平台还拥有安全存储数据的功能，并能使数据与其他行业的数据相融合。在公共服务账本的协助下，产权"战役"的解决速率大大提高。房地产开发商可以利用自己的私钥制作一份产权记录，并将产权证书发送到区块链中。银行因为产权调查时间的缩短和信用水平的提高而获利，并增强产权转移的数据透明度。贷款人可以在区块链上发布自己在特定产权上的信用数据，让借款方更加相信自己。

在版权保护领域，基于区块链的数字版权管理技术得到了广泛应用，可以对该数字资产的每一份授权许可和版权进行实时追踪，使该资产的作者获得对知识产权的强大控制权。在版权保护领域，很多区块链初创公司可以帮助作者在区块链上注册其作品的版权，防止侵权行为的发生。

在美国，作者要申请版权，就必须到美国国会图书馆正式注册，否则，其版权将得不到任何保障。而到国会图书馆申请注册的费用昂贵，耗费的时间也相当长，作品往往在版权申请过程中就被侵权。美国的 Blockai 公司致力于解决此类问题，目的就是提供最简单和最快捷的版权注册方式，即在区块链系统上注册版权，这比传统的注册方式快了不止 2 倍。

Blockai 公司建立的区块链平台先要求申请人注册一个账户，然后通过电脑进行一系列的填写，从而完成产品的注册，并获得相应的版权文件或证书。此后，如果有人使用或复制申请者的作品，该平台就会自动替申请者发送一份版权警告书给侵权者。当然，要使该平台上注册的用户版权得到法律认可，我们还需要各方面的工作和努力。

UJO音乐平台是一个开放性的区块链平台，它支持音乐文件版权的管理，并追踪知识产权和自动化版权的研究。UJO平台将数字音乐文件的版权信息收录在区块链中，并且与作品本身进行电子绑定，创建一个自动向版权所有者支付费用的系统，当有人要在网络上下载和使用该作品时，就必须向作者支付一定的费用。

在数字艺术资产保护方面，美国某创业公司研发了一个利用区块链技术保护艺术家数字资产的系统。该系统能促进艺术作品版权的转移以及作者和买家之间关于数字资产的交易，使作者可以利用电脑从菜单中选择出售、授权、合成或者转售自己的音乐作品，并允许他们用自己的方式来设定作品的价格。对于买家来说，该平台去除了经纪人的作用，使艺术资产的交易更加简单和透明。

不过，无论将区块链技术应用于数字资产还是金融机构，其中都存在很多障碍，具体如下。

（1）不符合法律规定。无论是国外还是国内，很多关于资产和金融的法律法规都是针对中心化的模式系统而制定的，因此，区块链的去中心化模式的出现缺少法律依据。其中，平台的地位和开发都会给各行业带来未知的风险，一旦出现问题，法律将很难为各行业维权，区块链系统所带来的成本降低也很难弥补维权难所带来的巨大损失。

（2）技术不成熟。目前，分布式账本仍然存在很大的缺陷，缺乏成功经验。例如，比特币区块链存在许多应用限制，要想对其进行无缝整合还需要持续的努力和探索。另外，"智能合约"技术可以降低很多人工成本，并杜绝很多作假现象，但实施时需要进行全局维护，这势必会造成资源浪费。还有，很多合约无法进行电子审查。这些困难都造成了"智能合约"难以全面普及。

（3）标准和协议不统一。很多大型的银行和初创公司对于区块链虽然抱有非常大的热情，但它们都想成为这个领域的主导，因此，它们不停地制作属于自己的标准和协议，而排斥区块链市场上已经存在的事物。这就造成了区块链系统的不完整。但区块链的根本解决方案应该是以分布式网络为基础的，它不可能被一个组织控制，而应被全人类共同拥有。但要想使这种创新的理念深入人心还需要一定的时间，也需要社会各界的支持与合作。

（4）利益格局问题。区块链系统的根本思想是去中心化，这种思想虽然具有先进性，也是未来的发展趋势，但目前的中介机构大多为富可敌国的大公司，它们每年都从社会中获取巨大的利益。这些公司不愿意变革，让它们放弃既得的利益而为全人类的发展奉献自己也不现实，盲目推广去中心化思想也只会使社会矛盾激化，不利于国家的长治久安。

（5）公共网络可持续维护问题。区块链系统是开源的，每一个人都有维护系统稳定的权利，却没有法律上的义务。如果比特币区块链的某一环节出现问题，大家很可能都会关网，而关网的用户也会因为得不到利益而拒绝花费精力解决这些问题。

（6）区块链的肆意使用问题。当区块链被正确使用时，它保障了交易的安全和信誉，但如果应用在一些非法领域，如地下赌场使用区块链，则会给监管部门的搜捕和追踪增加难度。

第七章

世界格局的革新

——如何使用区块链技术拟建高效便捷的模型

　　未来，区块链技术将改变世界格局。首先，区块链系统去中心化的模式让许多中介机构不复存在，因为中介问题而产生的不诚信行为也随之消失。其次，企业无须再进行繁琐的对账、记账和审计，因为这些任务既复杂又没有安全性，而基于区块链技术的"智能合约"就能有效规避这些问题。

　　区块链系统被普及后，个人与个人的联系将更加密切，企业的内部结构将会发生巨大的变化，基于区块链的大型平台将分布在世界各地，而众多小型的企业也会依附于平台，但又各自独立。不过，去中心化的出现也有不利的一面，如封闭、高消耗等。世界区块链格局会从中心化变为去中心化，而去中心化又会发生集中性质的变化，这是一个螺旋上升的过程。

1. 基于区块链的企业组织形式

有了区块链技术的支持，我们可以在互联网上建立一整套新的治理机制，以适应日益发展变化的信息社会。以前，互联网的信用问题一直是我们的心头之痛，由于网络的复杂性和虚拟性，诈骗层出不穷，从以前的灰鸽木马等盗号病毒到现在的钓鱼网站与网店，看似和谐平稳的互联网世界实则波涛暗涌。随着网站信用评价和监督机制的完善，互联网的信用水平正在提高，但上有政策，下有对策，各种不诚信的行为又会换上新外衣重新出现，令人防不胜防，而解决这些问题的最优办法就是区块链。

区块链是一台信任机器，并且完全去中心化，它可以让网络诈骗行为无处遁形。区块链可以对互联网上的任何交易和动作进行完整的记录，这些记录永远存在。

区块链的共识机制非常完善，它颠覆了人们的价值观。在共识机制的作用下，一个任务的完成可以由绝大部分人共同认证，一个交易的达成也都是基于拒绝和接受的分布式计算的结果，是一种绝对民主的方式。这也决定了它的规则永远是所有人共同认可的规则。工作量证明的机制实现了绝对的按劳分配，即只有通过自己的努力，才能够得到记账的权利，任何投机取巧的行为都将失败。

股权证明可以让资金的拥有者得到更多的记账权，从而激发用户更大的工作热情。这符合公司董事会的一般原则，即拥有高股份的人享有更大的权利，也要承担更大的义务。股权代表证明的效率高且不失公平。

在区块链系统中，任何资产的转移都需要一份合约支持，和我们日常生活中的合同不同，合约是绝对不能违背的，它由计算机统一控制，并由网络进行判断并自动执行。

区块链技术可以创建一个完全透明的网络真空环境，在区块链中，账本信息全网公开，交易的数据也无法更改。而不想公开的个人隐私信息则可以通过密钥保护起来，为数据共享和安全提供了很高的保障。

首先，随着互联网经济的飞速发展，企业内部的组织架构也发生了翻天覆地的变化，其中最明显的就是企业的层级明显减少。以前，企业都是典型的等级结构，董事长权利最大，然后是 CEO、大区经理、总经理、经理、主管和组长等。这看似严密的制度实则漏洞百出，往往导致上级的命令传达不到基层，或者被中间环节的人员修改或压下，而基层人员的声音也无法传到高层。这越来越不适应当前社会的发展，而在区块链技术的影响下，企业内部各个分工的权利趋于平等，上下级的界限也越来越不明显。

其次，企业内部的组织结构更加开放。以往，企业都是对外封闭，外部人员根本无法参与企业从生产到销售的任何环节。而在区块链系统中，消费者相当于企业内部的一员，他们可以通过各种社交媒体或平台了解商品生产的过程，并对商品的质量、服务提出自己的意见和评价。消费者甚至可以参与商品的生产，使自己的需求一次性得到满足，这就节省了很多的成本和资源。

另外，企业的组织结构也逐渐走向了虚拟化和智能化，各种移动办公、网上业务、电子商务成为企业内部的基本单元，数据变得越来越重要，虚拟化是其必然走向。例如，一个 App 有可能就代表一家公司，一个网红有可能就代表一家企业。也就是说，企业的形态并不重要，只要有用户或粉丝，就能成为一种商业模式。

区块链将会成为互联网的一个发展基石，无论是物联网技术、"数字货币"还是""智能合约""，每一个创新的内容都建构在区块链之上。区块链是一种颠覆性的技术，它构建了去中心化的组织和企业。去中心化的公司具有以下特点：一是利用分布式散列算法进行加密，使合约与规则可以安全运行，大大缩减管理成本；二是去中心化的结构让欺诈成本加大，使原来不讲诚信的用户开始反思自己；三是以工作量或者占有的股份来决定领导者的地位，决策更加公开透明。

2. 重新定义世界：新商业模式的出现

商业模式是利益和价值的集合体，而区块链是一个平台和分布式账本，能够为用户创造许多价值，例如，"智能合约"、去中心化、全程数据监控等。根据功能不同，我们可以将基于区块链的商业模式划分为以下5类。

（1）区块链平台模式。区块链是一个基于个人对个人的系统，它以分布式运算为动力，创建了以"数字货币"、去中心化和""智能合约""为基础的综合平台。因此，平台是区块链环境下最普遍的商业模式。目前，基于区块链的平台有比特币平台、以太坊平台和彩色币平台等，其根本目的就是建立一个以区块链系统为基础的平台，并在平台上构造生态系统，为大批用户提供服务。

（2）Dapp应用的分享经济服务模式。在新时代，互联网价值的显著体现就是区块链技术。有了区块链技术，我们就可以定义所有的资产，并且创建各式各样的去中心化应用，其中涉及物联网、云计算、大数据、互联网、医疗、保险以及银行等。Dapp经济服务模式的最大优势就是去中心化，通过确立每个应用上的去中心化服务方式，使垂直行业形成新的价值支付能力。

例如，在医疗行业，区块链去中心化的模式和隐私保护机制能够保证医疗数据真实有效，并能够实现全网共享，也促进了医疗大数据分析等新服务模式的产生。另外，利用区块链技术还可以更加清楚地记录能源的运送和交易情况，并可以智能地为客户分享能源和数据。这也是一种新型的商业模式集合。

（3）区块链代币金融模式。和其他技术或生态不同的是，区块链拥有属于自己的代币盈利系统，可以让相关的商业模式都能蓬勃发展。由于区块链共识机制的作用，每一种算法都可以当成一个严谨的金融学公式。对于任何一个用户而言，只要拥有"挖矿机"，就可以通过挖矿获得一定数量的代币，而且只要用户拥有股权，就可以随时收到利息。无论是私有链还是公有链，它们都严格遵守共识机制，并建立不同的代币系统。这本身就是区块链平台所具有的基本商业模式。

（4）区块链解决方案服务模式。区块链是一种高深的技术，它涉及的学科和知识非常广泛，有物联网、大数据、技术咨询和技术培训等领域，特别是以私有链为基础的企业，其重要的商业模式就是区块链解决方案服务模式。

（5）区块链数据服务模式。区块链可以看作一个分布式账本，它记录了每家企业与外部的产品交易以及企业内部的资金转移数据。通过对这些数据进行分析和比对，就可以形成各种重要的信息或数据，并可以分享给联网的其他个体，为其提供各种服务。

3. 架起区块链技术与传统行业之间的"桥梁"

区块链虽然只是一项技术，但它的去中心化思想代表了一种颠覆性的创新。有专家表示，我们目前正处在一个去中心化进程的中心。这种理论无论是在社会生活中还是企业管理中，都有重要的应用。其实，区块链技术的本质就是通过切实可行的手段去践行去中心化的伟大理论。

从电脑刚发明到现在的信息时代，企业从自上而下、等级分明的结构变成了扁平化的组织结构。这在依赖互联网的企业里表现得尤为突出，也是企业的质变，当结构变化后，文化、管理、控制、市场和战略都会随之改变。这种把领导者的权力下放到各个职能部门负责人的办法就是一种去中心化的思想的体现。

无论是何种去中心化，都会带来各种信息、服务的共享，人的各种需求都可以通过云端平台得到满足。优步是国外的一种基于去中心化思想的企业，但是，优步将出租车公司这种强大的中心替换为以优步平台为核心的较弱的中心，其本质还是没有脱离中心化的范畴，离完全的去中心化还有一定的距离。

这看上去是一个悖论，就像一个非黑即白的命题。其实，不论是去中心化还是中心化，都代表了优步平台本身，要想维持该平台的长久稳定性，需要有一个负熵引入。但是，外界肯定无法提供任何的帮助。在这个平台中，开放性的那一部分是突破的关键，也是平台与外界联系的唯一途径。但绝对的去中心化仍然是最为重要的一部分，这也是优步不断创新的意义之一。

要想把区块链思想用于实践，就需要把政府部门、商业部门、非营利组织还有各种私人社团集合到一起发展，即有一个大的方向。

技术本身是已经固定化的东西，本没有太多的变化或不确定性，但应用到企业中，就必须要具备一定的灵活性。一成不变的结果就是熵的增加，即走向毁灭。而且，工作任务的发展方向和业务的发展方向是要相互联系在一起的，即便不能同步进行，也要实现良好的融合和互动。所以，企业的本职工作应是不断创新技术，因为生态系统中的一个重要组成部分就是技术，它必须要坚守去中心化原则，自动自发地跟随企业生态环境的变化而变化。企业本身也需要随时调整自己，提升自己的绝对竞争力和创新力，这也是适应外界环境的根本保证。

有人说，弱小和物质并不是生存的障碍，傲慢才是。任何一种技术或者思想都不可能独自奔向科学的最高层而无所依托。我们站在一定的高度来看，区块链和企业工作虽然是两个单独的个体，它们的体系也有很大的不同，但二者的融合是非常有必要的。二者只有实现融合，才能使技术的作用充分发挥，才能为企业的可持续发展贡献最大的力量。

目前，绝大多数传统行业已经离不开信息技术和互联网技术的支持。但是，这还没有达到理想状态，要想实现行业的巨大变化，进一步提高企业的工作效率，就需要有区块链技术的支持。区块链技术可以大幅度提升企业面对变化的灵活性，并能增强企业对市场需求的响应能力。如果传统行业与区块链技术结合，就可以方便我们在传统行业中找到新的经营模式和新商业思路，从而使传统行业发生质变，成为经济发展最大的助推力。

自互联网时代开始的那一天，互联网就逐渐改变了人和企业、人和人以及企业和企业之间的联系方式，使社会的总体生产力有了最大限度地提升。但是，真正理解互联网的人并不多。对于区块链，我们既要关注其技术方向，也要预测其未来的发展趋势。在未来，区块链与传统行业必然会进行一次完全的融合，但是，应该在区块链上融合传统行业，还是应该在传统行业上融合区块链？目前，区块链的技术发展还没有达到成熟阶段，这会带来多种程度的变化，并最终会在全球范围内衍生出众多区块链大平台。

但对于目前的情况来看，在传统行业上融合区块链是最符合实际的选择，企业的实际控制者一定要端正自己的思想，不能单纯为了技术进步或提高工作效率而发展区块链。企业和客户都有自身的需求，在企业中利用区块链技术是为了企业的发展和去中心化思想的传播。这个价值观是非常重要的。

区块链技术在企业中发挥作用之前，我们应该在区块链技术和传统行业之间建立一座沟通的桥梁，使企业各个系统真正熟悉这种技术。因为区块链技术作为一种前沿科技，很多传统企业的管理者对它并不熟悉，其技术原理更是复杂，而且在周围的传统企业中，也很难找到与之相对应的成功范例。这就会为传统行业融合最新的创新技术造成了不小的困境。区块链技术再高端，没有好的应用领域，也不会有什么好结果，反而容易造成资源的浪费。

例如，很多物流行业都对区块链技术青睐有加，但如何具体利用、如何在不影响公司根基的前提下实现完美更新，是迫切需要解决的问题。而且，很多传统行业的巨头对区块链技术持观望态度或者并不看好，因为他们本来的业务并没有出现危机，仍然在平稳运转，让他们突然改用新技术、换用新思路，他们多少会有些不适应。也就是说，传统行业对原有经营模式的过度依赖，也导致了区块链技术难以迅速普及。

一部分利润不高的企业对于区块链的到来也是心有余而力不足，尤其是初创公司，他们虽然愿意建立免费的区块链系统，但这需要资金和资源的大力支持，并且需要耗费大量的时间和人力，而且建成初期是很难实现盈利的。这些都决定了区块链技术的普及需要同行业成功案例的支持，才能使大多数人放开手脚去做。

因此，能够使区块链技术和传统行业进行完美融合的，一定是既精通某个企业的具体业务，又能深刻理解区块链技术的综合性人才。这类人才汇集起来，才能提出一个既紧抓业务又跟紧技术的解决方案。

4. 红海 or 蓝海：谁才是区块链行业的明天

区块链技术应用于传统行业，既可以采用颠覆性的创新方式，彻底打破原来的创新模式，也可以循序渐进，逐步使企业内部从传统的模式逐渐往新的模式上靠拢。区块链技术是开放性的，既可以直接冲进红海市场的独木桥，在行业中激烈竞争，又可以独立开辟蓝海市场，发现新大陆。至于具体开辟的路数，二者则殊途同归，也就是红海市场和蓝海市场最终会合二为一。

因此，在区块链技术的应用方面，我们不用区分哪种方式是正确的，因为这些方式的目的都只有一个，那就是为客户提供最优质的服务，然后赚取利润。目的明确后，具体实行的时候要根据企业的特点分门别类地讨论。区块链领域的初创公司可以直接采用资金的商业模式，也可以将区块链技术大胆应用于企业的方方面面，直接开辟蓝海市场。而成熟的企业最好按部就班地把握现有的优势，逐步实现过渡。

"传统行业 + 区块链"的模式并不是简单地在企业中加入一种新技术，这是一个综合的过程。就像互联网诞生的时候，很多企业简单地认为，只要有一个属于自己的网站就可以成为互联网企业。实际上，这样的想法是很肤浅的。"传统行业 + 区块链"并不是物理相加，而是区块链思想和企业的融合，是一个量变产生质变的过程。

区块链的整体思路需要和企业价值链相结合，这就决定了区块链技术以创造价值为根本目标，以区块链技术创新为重点，实现企业内部的各种各样的创新。

区块链思想的实现，需要有自由组织的配合，不仅是原来的业务流程需要改进，新式的审计环节也应该去除。企业应该及时调整整体架构，让新的企业模式尽快适应区块链技术的发展，并慢慢解决变化所带来的内部矛盾，以免对企业产生不良影响。

因此，转战蓝海对企业来说是最正确的选择。要贯彻和落实区块链思想，就需要将创新放在首位。这是一个长期的过程，不管是区块链技术的融合，还是实现业务应用的突破，都需要不断地实践。一般情况下，企业需要对自己的团队进行一次大洗牌，使之适应区块链技术的发展和创新。

对于区块链技术的具体应用，需要有一个专门的开发团队进行单独调研。只有具备独立的开发能力，才可以使新技术和企业自身的模式实现良好的融合，才能使公司稳步向前发展。全面普及区块链技术的同时，还要专注于市场的创新机制，如果两者结合所推广的应用不能产生价值，那么这种新模式就难以成功。区块链适用于大多数领域，例如，如果对生肉系统进行区块链追踪，就可以通过物联网技术实时监测生肉的生产和运输。这样，消费者就能够根据这些数据选择放心的肉类，从而消除消费者对企业的不信任，也有利于企业在短时间内打出名气。不过，消费者要先了解这个区块链系统的价值，才能欣然接受。

对于一个领域和一个市场来说，技术的创新不是一朝一夕的事情，而是长期改变的过程。企业一定要稳扎稳打，既不能因为恐惧新事物而停滞不前，也不能盲目地激进，为了技术而忽略了长期积累的价值。具体来说，企业需要做到以下三个方面。

（1）对应用环境有一个正确的认识。这是最重要的，因为应用环境的选择需要企业的董事会、管理层和技术人员都能够积极参与区块链的开发和完善，只有选择切合区块链思想的应用环境，区块链才能实现长久发展。

（2）我们应该注意到，区块链技术内部的结构虽然是安全可信的，但这仅限于区块链内部，即企业内部的信息，如果要录入的数据来自于外部，我们就要格外注意。我们认为安全的数据是内部的结构化数据和非结构化数据，这些数据既无法被修改，也无法被删除；而对于外部的数据管理，则可以采用中心化的方式。也就是说，现在区块链的应用基本是中心化和去中心化相结合，这样的局限性还需要持续一段时间。

（3）区块链内部结构的隐秘性让它无法被追踪，这是采用区块链技术后安全性得以提高的原因。但是，这也造成了区块链技术的复杂性和不容易捕捉性，所以，我们要因地制宜，根据每个行业的不同特点，建立有针对性的技术架构，必要时，还要重新建立协议与合约。对于企业来说，建立私有链是一个相对明智的选择。另外，企业还应该着手学习和研究区块链技术。在这个变化繁复的时代，各大企业应该坚持以实践为主的思路，不断摸索与学习，才能成为行业的佼佼者。

5. 区块链在人工智能领域的应用

2016 年 3 月，谷歌的"AlphaGo"以绝对优势在围棋比赛中战胜韩国围棋高手李世石。此后，世界各大互联网公司开始了研发人工智能技术的热潮。人工智能技术虽然在这两年飞速发展，但其安全性一直是人们迫切希望解决的问题。

鉴于人工智能技术的特点，如果其安全性得不到保障，非但不能解决各种难题，反而会带来无尽的麻烦。

因此，有专家提议用区块链技术来提高人工智能的安全性，并实现一定的协议与合约。区块链可以看作一种去中心化的账本，它不仅能运行比特币这样的带有密钥的"货币"，还可以引领整个网络系统。利用共识机制，区块链能组建一个为智能机器人服务的物理系统。从整体上说，区块链有五大优势可以助推人工智能。

（1）在当今社会生活中，尤其是在关于"数字货币"的交易中，声誉机制非常重要，并且是以后的主流。人类在意自己的声誉，对机器的要求也一样。对人工智能网络来说，区块链可以构建声誉极高的"智能合约"，并且可以在网络上直接运行。

（2）人工智能技术发展到一定程度的时候，它们就会自动寻找维持运行所需要的各项资源，如处理器资源、存储资源及各种需消耗的能源。当人工智能系统与人类所使用的资源产生冲突时，就需要区块链技术协调各种资源。这就是友好型人工智能的开端。

（3）区块链有时可以看作一种开放性技术，它用一种基于第三方的采矿方式来记录和检查交易。不过，只有符合协议的诚信交易才能被记录和确定。也就是说，只有安全且友好的人工智能才能执行交易。

区块链中的共识机制除了可以应用于比特币的交易，还可以在人类与机器之间架起一座完美沟通的桥梁，使机器做出各种自主行为，甚至产生自我意识。

例如，我们可以通过区块链技术对用户输入的命令进行分层次记录，可以让用户参与设定智能机器的工作状态，并利用"智能合约"对机器进行控制和管理。这样就可以防止设备被非法用户使用和改造，避免用户因为机器被动手脚而遭受损失。总之，区块链技术可以为用户提供最安全的智能设备。

（4）代码技术是区块链的核心技术，它直接影响"智能合约"和共识机制的执行质量，也可以提高资源管理设备的智能化水平。区块链人工智能可以使交易获得各种成本效益，其中包含机器与机器之间的交易。

（5）在当今社会，经济学作为一种最基本的组织形式，可以使人工智能经济系统更加牢固。这是一种友好的理念。

从长远的角度来看，未来是人工智能的时代，超强化人类会出现，即人类和机器以不同的方式混合在一起，如克隆大脑、数字头脑以及模拟头脑等都会相继出现。不过，这些智能系统不可能独立地执行任务，需要连接到一个可以进行数据传输的网络终端。为了实现这个目标，就需要某种共识机制进行智能管理，这又需要用到区块链技术。

在区块链中，智能设备可以执行一些关键性的网络操作任务，如安全认证、经济交换或网络交易。但任何智能设备想要完成某个目标，就需要持有一个一致性签名。这个签名无法通过任何技术手段获得，智能设备只有凭借自己在区块链中的良好声誉，才能获取签名。

在区块链中，大家共同认可的数据是具有高精度的数据，区块链可以把多种数据分成三大级别：一是垃圾信息，即没有被增强和调用的数据；二是社交网络提供的共识数据；三是由区块链推荐的数据，其被区块链中的用户所认可的投票系统拥有。

在国内，百度、阿里巴巴和腾讯的互联布局相对完善，基本上可以囊括市场上大多数行业。其中，腾讯的推广力最强，用户基数最大；阿里巴巴的强项是积累了大量的交易数据；百度则掌握了人工智能与大数据的前沿技术。在这三大巨头的冲击下，越来越多的人有幸被纳入诚信体系，为用户提供更贴心的服务。

相比于BAT，IBM公司已经公布了大量的区块链源代码，而区块链技术是分布式物联网架构平台的关键技术。目前，已经有绝大多数的专家相信，基于去中心化思想的区块链技术将会改变人们的日常生活，并对金融、音乐、物联网和物流等行业产生重大影响。

目前，区块链技术已经可以记录所有在其内部产生的交易信息，这些信息还可以传输到所有的节点共享。区块链不需要依赖任何中央枢纽，就可以利用最为先进的合约和加密技术进行验证。区块链中的数据来源真实可信，并且难以被修改，这个优势是传统网络无法比拟的。

由于区块链技术的诸多优点，它不仅改变了网络金融的运营模式，而且改变了信息通道的建造方式。例如，利用区块链技术的互联网设备不仅可以同步数据，还能分享各种计算能力或带宽。这是具有颠覆能力的技术革命。

为了将区块链更好地应用于商业领域，IBM公司已经推出了面向开发者的各种程序服务，通过IBM各种云计算平台的Bluemix架构来支持与外界信息的完美对接。例如，用户可以利用人工智能平台将物联网信息接入区块链系统，IBM还向开发者提供了支持该应用的各种算法。对于对等模式的区块链网络来说，计划的支撑对于任务的执行尤为重要。例如，对于区块链中的"智能合约"

来说，区块链承担着第三方的责任，签订合约的双方只需要完成各种零碎的任务就可以了。

其实，在区块链系统中，音乐爱好者可以直接向音乐作者支付一笔版税，而不需要与腾讯或苹果等第三方平台有任何交集。当然，区块链技术要想全面普及，还需要很长一段时间，其中最突出的一个问题就是人们对这个完全开放的技术的怀疑和不了解。IBM 公司的开源平台从技术层次上分析并不高深，全球有很多公司都能够建造这样的区块链网络。但 IBM 公司的伟大之处在于，它第一个站出来为区块链正名，是第一个"敢吃螃蟹"的公司。

在金融界，以区块链和人工智能为代表的前沿科技已经深入人心，依靠这些技术发展的互联网金融又称为"金融科技"。例如，各种数据技术、支付宝等工具可以将交易成本降低到 1 角以下，比传统的银行要低很多。当我们需要贷款的时候，依靠传统金融机构往往需要好几天的时间，但互联网上的贷款平台只需一两个小时，甚至十几分钟就能完成审核。互联网金融这种高效率的体现并不是管理的加强，而是由于技术的不断进步和创新。

互联网金融中最核心的技术就是人工智能与区块链。互联网金融可以利用区块链去中心化的特点以及无法修改删除的特性，提高金融交易的精确度和效率，还能降低维护数据安全性的成本。另外，区块链还具备数字化的特点，能够使所有的文件和资金都以数字的形式表示出来，而这些数字都能上传到区块链，并能在区块链上完成下载。人工智能的出现，可以看成是对现有金融模式的颠覆，当它和大数据相结合，就可以让越来越多的人进入征信系统，最终实现资源的智能化分配。

区块链技术有着无阻碍的数据交换能力，而人工智能系统具备海量的数据运算和分析能力，区块链技术和人工智能的结合可以产生一种全新的模式。目前，人工智能专家开发了名为 AIFX 的金融系统，它可以对全球范围内"数字货币"的应用产生深刻影响，并且会提高区块链平台去中心化的程度。AIFX 的一个巨大作用就是实现了商品的交互式外壳，这种外壳可以让全球的人都能自主创建节点，从而提升区块链系统的安全性和可靠性。

如果 AIFX 人工智能金融系统开发成功，那么人们就能更好地利用区块链技术进行"数字货币"的交易。这也说明"数字货币"钱包再也不会只有单一的几个功能，它将变成多元化的发展方式。

6. 区块链与未来金融格局

2015 年 9 月，由各大金融技术公司主导的区块链联盟宣布成立，该联盟致力于区块链技术标准的制定，建立银行业的私有链。截止到 2017 年，已有花旗银行、瑞士银行、汇丰银行、高盛、澳大利亚国民银行等 24 个银行加入联盟，这些银行在利用区块链发展金融上的思路不谋而合。

花旗银行发布了属于自己的"数字货币"——花旗币，其他银行也在区块链系统中体现了自己的特色。由此可见，作为比特币发展的基础技术，区块链技术受到了各大领域的关注，并被认为是未来的互联网基础协议之一。它的出现意味着信息的传递方式转变为价值传递方式，从而给传统金融行业带来颠覆性的挑战。

使用传统支付方式进行跨境支付，一般需要三四天的工作时间，而应用区块链技术后，其点对点的支付只需要几个小时甚至是几秒的时间。花旗银行曾经发布报告称，通过区块链技术，跨境支付成本每年可以节省150亿美元。

金融在当前社会的经济活动中扮演着至关重要的角色，金融活动中的交易确定、交易沟通、支付结算、数据传递等活动，支撑着金融体系的有效转动。而其中最重要的是信任，只有建立信任体系，金融活动才能降低交易成本、提高交易速率、控制金融风险等。当前金融系统强化信任的方式依旧是加强中心枢纽的建设，从而催生许多中介机构和第三方机构，包括第三方支付平台等。

但是，中心化所催生的第三方机构对人工的依赖性仍然很大，交易的数据往往需要流经多个环节，致使传递效率和准确率都大打折扣。具体操作时，一个枢纽机构首先通过中心化的数据收集各种有用的信息，然后保存在中央服务器中，最后再向社会公布。中心化的传播模式使数据的传输效率降低，且消耗了更多的资源。区块链以共识机制为基础建立起来的分布式数据库则具有创新性。去中心和去中介化、不可删除篡改、加密安全等诸多特点，可以架空中介的权力，降低传输成本，节约资源，也有利于以最快的速度建立信任，甚至是在信任关系建立的过程中率先完成交易。这就是其颠覆性的表现。

同时，在区块链的帮助下，金融系统还可以建立完全无人值守的自主管理程序，从而降低维护设备的成本，提高整个金融体系的经济效益。区块链技术在金融体系中逐步应用的过程就是金融系统转向去中心化的过程，也是信任逐渐加强的过程，同时又是金融去监管的过程。这是从手动金融走向自动金融的契机，由间接金融向直接金融的转化，其最终目的是实现没有任何金融机构参与的点对点自由金融。

目前，区块链技术在"数字货币"、支付清算、数字票据、代理投票和跨境交易等方面逐渐走向成熟。"数字货币"领域的交易是区块链技术最为成功的应用，发行"数字货币"解决了传统货币的流通成本问题，提升了交易、支付等各类经济活动的透明性。

第八章

"数字货币"的进化

——怎样操控"超级区块"驾驭新时代硬通货市场

随着区块链技术在各个领域的应用，它正从"数字货币"的模式逐步向数字资产的模式延伸，并准备进军硬通货市场。在这里，我们要明确一个区块链技术中的新兴代表，那就是以太坊。这是一个以"智能合约"为基础的区块链平台，可以独立于比特币区块链，并能支撑去中心化思想的贯彻和落实。

实现了"数字货币"的进化之后，区块链在数字金融领域的应用得到巩固，无论是跨境支付、极速支付还是银行联盟，都离不开"超级区块"的支持，甚至在珠宝、房地产、音乐、软件等实物或数字资产领域都有很成功的区块链应用案例。不过，在金融与数字产业，区块链的应用还是存在一定的阻碍。总之，"数字货币"的进化可以优化区块链的产业生态体系，梳理市场的上下游，为打开硬通货市场的大门奠定坚实的技术和理论基础。

1. 以太坊——你有比特币，我有以太币

以太坊是区块链平台的一种，它可以建造各种应用或运行各种程序。以太坊有很高的自由度，不受任何人的操控，它可以由全球任何一个专家进行研发，而且代码完全开源。相对于比特币的协议，以太坊的协议更加灵活，它允许用户建立自己的应用，而不是给用户设定各种条条框框。

从狭义上说，以太坊是一个去中心化的平台协议，它的核心便是虚拟机。虚拟机可以执行任何复杂变异的程序，并且具有"图灵完备"功能，即任何可以计算的东西都能得到计算。

以太坊也具备点对点的网络协议，它们由许多节点构成并可以定期更新。网络上每一个点的协议和指令都相同，所以以太坊又被称为"地球计算机"。可惜的是，以太坊上的运算速率相对于普通网络平台并没有提高，反而有所降低。这使以太坊的成本大幅度上升。不过，去中心化的机制使以太坊的容错率达到

70%以上，并能使存储的数据永远不会改变。

以太坊平台类似于编程语言，与应用于哪些平台和开发者有很大的关系。但是，很多程序和任务是无法在以太坊上运行的，最适合以太坊的应用是节点间的相互作用，而且是在一组网络上的协调应用。除了金融应用之外，任何需要安全保障的业务都可以通过以太坊的帮助实现。

在以太坊内部运行的"货币"叫"以太币"，它一般用于支付虚拟机的计算费用。目前，以太坊内部共聚集了30000多个比特币，相当于1800多万美元。根据预售时比特币所在的位置，我们可以清楚地查询到每一个比特币的收入和支付过程。

以太坊在建立之初使用的是共识机制POW，在这种机制的作用下，每年都会有新的以太币被挖矿者找到。现在，一个区块的生成只需要15秒，而生成一个区块的奖励是5个以太币，以太坊平台每年发售会增加大约1000万个以太币。到2017年，以太币的增发量有可能停止，和以前的比特币一样。

以太坊就像一个升级的比特币系统，它几乎继承了比特币的所有属性和技术，并引入了许多新功能。在以太坊中，"智能合约"占据了核心的地位。以太坊既是一个去中心化的平台，又是一个基于"智能合约"的平台。"智能合约"实现了以太坊绝大部分的功能，或者可以说，以太坊就是"智能合约"和区块链的混合体。

关于"智能合约"，我们不能把它想象成智能化的东西或一种协议，它和这些东西毫无关联。"智能合约"实质上是一段编写的代码，这段代码会严格遵守一定的规则，并对平台上各种各样的操作做出反应。它是一种特殊的计算机程序，运行在共享账本上，可以完成多种功能，如存储、发送接收和处理数据等。

"智能合约"在区块链上并不是以原生态的形式出现的，而是被编译成最底层的字节编码，然后被嵌入区块链，并得到一个具体的地址。当一个命令传输到该地址所在的位置时，区块链网络中的每一个节点就会自动运行脚本代码。有多少个节点，就有多少个虚拟机。命令结束后，所产生的数据就会被发送到"智能合约"。

"智能合约"是事件驱动的、可反复利用的模块化代码。在区块链中，"智能合约"的数量非常多，它们可以两两结合，也可以多个结合，就像小孩玩的橡皮泥一样，不同颜色的橡皮泥可以捏揉到一起，来实现不同的个性化任务。例如，"智能合约"可以是一个相对简单的选举投票合约，也可以是一个交易售卖合约，或者是一个组合而成的商业合同合约。

以太坊的最核心价值就是协同效应。以以太坊平台的稳定币项目为例，该项目在最初建立的时候开始计划集成，并且和很多以太坊的项目产生了协同效应，具体如下。

（1）以太坊平台预测市场项目。稳定币项目为预测市场项目提供了用户资源，使之可以利用自己的"货币"在某些节点上作抵押品。

（2）以太坊平台区块锁项目。稳定币项目可以使用它们自己的产品，如以太坊电脑或即插即用的分布式服务器来运行自身的保护进程，这些保护进程可以给稳定币项目提供一些去中心化的定价和交易机器人，这意味着DAI有着很好的资金漂流性。稳定币项目同样可以给区块锁项目提供一个相对稳定的价值存储机制，并且可以更好地使用各种代币在DAI上做一些抵押。

（3）以太坊平台去中心化交易所项目。稳定币项目提供了一种稳定的价值储藏工具，允许各种去中心化的以太币进行支付和投资，并可以直接在以太坊中使用稳定币项目所提供的各种服务。而且，稳定币项目自身也有很好的资金周转能力。

（4）以太坊平台黄金资产项目。稳定币项目可以使用该项目的黄金在DAI中做抵押品，并用非加密货币资产来增加抵押品的多样性。

以上的每一个项目在稳定币系统中都是一个乘数关系，会产生各种指数效应，而不是线性的增加。在这里面，每一个新产生的项目都会被集成其他的项目，而系统中任何一个项目中有更多的参加者进入或者规模逐渐加大，都难免会对其他的项目产生影响。这就是用一种或者多种方法来产生刚性的促进方式。

稳定币项目另外一个显著的优点就是，所有的项目之间的集结和合作都是直接进行的，它直接使开源的生态系统和以太坊中的高效标准得到完美体现。当然，大多数情况下，在以太坊成立的早期阶段，这些项目仍然需要一些直接的合作伙伴。但我们要知道的是，到处寻求合作并不是我们的初衷，因为以太坊的规模一旦扩大，它就能独立建造自己的生态系统。

2. 利用以太坊虚拟机打造智能交易系统

镶嵌在以太坊中的"智能合约"需要一个稳定的运行环境，这个环境就是以太坊虚拟机。"智能合约"在虚拟机的作用下，被封装并隔离起来，即虚拟机内部的合约代码无法和网络接触，也不能应用于任何的文件系统或进程中。当然，"智能合约"之间也不能随意进行融合。

基于比特币的区块链只能作为一个普通的交易系统，而以以太坊为平台的区块链则可以跟踪每一个账户的状态，账户与账户之间的转换则可以看作是数据和信息的转移。在以太坊中可以找到两个种类的账户，分别为合约账户和外部账户，它们的地址空间是相同的。被人们手中的公钥和私钥所掌控的账户被称为外部账户，被账户中的代码掌控的则是合约账户。外部账户的具体地址是由公钥决定的，而合约账户则是在合约创立之初决定的。

编码由合约账户存储起来，而外部账户却没有存储合约的权利，除此之外，这两个账户对于虚拟机来说都是相同的。两个账户都有一个密钥形式的长久存储装置，其中，密钥和数的容量都为 256 位。另外，每个账户都存有一定数量的以太币，这部分存款通常会用于以太币的交易。每一笔交易会形成一串数据，并从一个特定的账户发送到另一个特定的账户。

如果指定的账户存有一定的程序代码，则这个代码就会被用于执行任务；如果账户没有代码，甚至找不到任何数据，那么交易过程中将会产生最新的数据，并自动创建一个新合约。这个合约的地址并不是空的，而是由建立合约一方的位置和该位置所发送的交易数量运算得出的。建立合约支付的净负荷数据被当作虚拟机的编码执行，我们不需要向合约发送正确的代码，而是传输一个能够使其返回真正代码的编码。

在以太坊中，每进行一笔交易都会得到一定数量的汇编码，收集汇编码的目的是限制执行任务时所需要的任务量，同时履行执行任务的费用。当虚拟机开始交易时，汇编码就会按照特殊的规则被逐渐清除。汇编码的单价是由交易者建造并设计的，传输账户时，需要首先支付交易费用，然后这些汇编码会把费用逐渐返给传输的账户。无论如何执行，一旦汇编码被消耗殆尽甚至成为负值，就会触发一种异常的代码，无论当前运用的帧数有多少，都会回滚到原来的状态。

每个账户都有一块存储区域，它是一个永久化的内存区域。在合约内部，我们并不能将账户存储中的所有数据都弄清楚。而对于主内存和栈来说，读取存储比写入存储更有难度，修改存储就更是一个消耗成本的工作。一个独立的合约只能对它自己的存储进行读写。第二个内存区称为"主内存"，当消息被调用时，都会留有一块空白的主内存，主内存可以按各种字节编码搜寻地址。

虚拟机的基础并不是寄存器，而是栈。因此，所有的运算都是在一种称为"栈"的领域中进行。一个栈中有 1024 个单元，每个单元的长度为 256bit。对于栈的访问，一般情况下都是在最顶端进行，其方式为允许复刻处于最顶点的 16 个单元中的一个到栈的最高端，或者是栈最高端的单元和 16 个单元中的一个交换。当然，我们也可以把栈上的元素放到主内存中，但是没办法只访问栈里那个指定深度的单元。如果非要这样做，我们就必须要在指定的长度上进行，并把栈中所有的单元都删除。

虚拟机被刻意保持在最小的范围之内，其目的是尽可能地避免关于共识机制的错误。所有的命令都是根据 256bit 这个最基本的数据来运行，并具备普遍的逻辑操作，也可以进行各种各样的转换。另外，"智能合约"的功能强大，可以访问所在区块的编号和时间戳，也可以通过数据调用的方法，把以太币传输到没有合约的账户。

消息的使用和交易有相似之处，它们都存在一个根源、一个目标、数据存储、以太币和输送数据。其实，每一笔交易都可以看成一个基于顶端的消息程序，这个消息程序会按照顺序产生很多消息的调配，剩余的 GAS 的分配由"智能合约"来决定。

如果在调用内部任务时出现异常情况，"智能合约"就会收到命令，一个错误的号码就会积压在栈上。但这样的情形只有在内部消息被抽取的 GAS 消耗殆尽的时候才会出现。在 SOLI 中，如果开始调用"智能合约"，那么就会自动触发人工异常，该异常会自动出现各种调用栈。就好像我们之前谈论到的，被随机调派的合约会得到一个最新的主内存，并随时访问自己的承载量，所调派的承载量被存储在一个独立的叫作 CALL 的领域中。调用行为结束之后，被遣返的数据就会存储在调用一方事先准备好的一个存储器中，并对调用的数量做一个明确的划分，一般不超过 1024 层。

在系统中，有一种叫作 CALL 的特殊形式的"消息调用模式"，只有在目标位置的代码被加载后，才在合约的上下文中运行。这意味着一种合约可以在运行的时候从一个不同的地址加载动态的编码和存储。目前，位置和余额都指向发起调用的协议，只有编码是从被选择的位置上获得的。这使 SOLI 可以实现完全存储，可重复使用的存储编码可以应用在一个基于"智能合约"的存储中，以实现各种复杂的数据操作。

在区块链的外层，我们可以使用一种具有显著特点的、可以搜索的数据结构来存储各种信息。我们可以称之为"日志"，SOLI 利用日志来实现各种任务。"智能合约"建立之后，就再也不能查询日志中的信息，但这些信息可以从以太坊的外部进行访问和查询。因为大部分的日志数据都被一个叫"布隆过滤器"的装置存储起来了，它可以使搜索日志的速度加快，并使其安全性得到显著提高。对于那些轻型的客户端和没有下载任何区块链的网络节点，我们也可以通过非常简单的方法查找这些日志。

我们只要拥有一个"智能合约"，就可以通过一些预先设定好的指令去创建其他合约，并可以向多个地址发送调用，而不仅仅指向零地址。合约和调用的最基本的消息是有本质区别的，代码就是负载数据执行的结果，而实际的创造者可以在栈中获得一个具备最新合约的位置。

当某个位置上的"智能合约"因为某种情况要进行自我销毁时，该合约所对应的代码就会从区块链中删除，而该合约位置中剩余的以太币就会脱离该位置而发送到预先设定的目标，发送成功后，该位置所有的代码都会被清空。当然，即便有"智能合约"不包含自我销毁的指令，管理员依然可以通过往这个位置传输设定好的代码来施行删除操作。

3. 公证通——区块链与应用之间的"过滤层"

区块链技术出现之后，在多个领域得到了飞速发展。众多关于区块链的项目拔地而起，有的专注于金融行业的大宗交易方案，有的研究"智能合约"系统，也有的主攻加密数字债券。公证通公司与这些精于大项目的创业公司相比，更专注于信息和交易数据记录的存储和验证，从而建立起一个无需第三方参与的智能引擎。

以往，为了增强群体之间的信任机制，人们往往采用第三方信用背书的形式来验证。但随着互联网的全球覆盖和信息技术的发展，这种增加信任的方式开始出现漏洞，容易遭到黑客的攻击。而且，信用背书并不能与时俱进，随着时间的推移，很多值得信任的事物变得不再值得信任。

但是，信任问题在任何一个时代都是至关重要的，任何物体的交易、传输、存储和支付，都需要以信任为基础。没有了信任机制，人们的价值转换将变得难以进行。随着数字时代的到来，人们开始利用各种算法和平台来使交易双方建立安全的信任关系，于是，基于区块链技术的公证通应运而生。

公证通可以将所有的记录存储在区块链网络中，并实现多重追溯。随着时间的推移，区块内部的信息越来越牢靠，因为修改里面的数据需要集合全球的算力，此举所花费的成本远远超过了目的本身的价值。而且，区块链内的记录或交易行为不需要第三方机构的参与，这就是从中心化到去中心化的转变。

此外，公证通作为区块链网络和业务场景之间的中间段，有非常自由的访问模式。公证通利用区块链可以提供软件用于上层业务，并将验证过的信息发送到区块链的账本上，然后通过公证通提供的软件进入区块链进行搜索和证明。通过这些封装中间件的做法，可以使区块链账本对接上层业务的速率大幅度提高，而且解决了数据的扩展问题。

在数字时代，无论是生产商和服务商，都是以用户为中心迅速开发产品，通过建立一个区块链平台，就可以提供免费的增值服务。这是一种对传统商业模式的颠覆，但要想真正实现价值交换的变革，还需要区块链具备强大的公证功能。与之相关的鉴证服务已经成为了区块链协议的一个重要组成部分，例如，它能够有效地处理大批量的交易，而不是一个交易。

在区块链上，通过去中心化的组合系统可以使整个系统运转良好。公证通项目就是把这样的思路不断推广，在区块链上运用散列算法，从而完成批量交易，提升区块链运作的效率。

在实际操控的时候，公证通对交易的各个重要环节进行确认后，可以根据不同的交易种类，由用户亲自写入内容并规定格式，并通过智能共识机制，保证业务的有效进行。例如，把担保、签名和信用证书结合到一起，就可以在公证通的数据发布层进行保存。在这种模式的推动下，公证通就可以依靠强大的技术支持，在物流、医疗、金融等领域建立起属于自己的信用模式。

公证通通常会把需要发布的数据录入区块链账本，最常用也是最大的区块链账本就是比特币区块链，有接近千万级的用户。而公证通作为一个以共识机制为核心的项目，其前景相当广阔，因为随着用户数量的增多，公证通的安全性会越来越高，其体现的商业价值也会越来越大。

更为可贵的是，为了防止公证通开发团队本身出现问题，人为地影响发布层，因此，公证通在设计的时候，就通过区块链账本的多样性来解决数据存储问题。公证通的发布层可以与多个区块链账本建立关联，并协助将数据录入区块链的账本，通过多重冗余机制来确保数据永久存在。

虽然虚拟化的公证看起来并不困难，对于资产的注册、等级都非常实用，并且具有可靠、无法删改和成本低等特点，但由于传统习惯的影响，人们更希望通过某种权威来进行产权和资产的公证。这是公证通面临的一个巨大挑战。

伴随着大数据的来临，许多问题也浮出水面，其中一个较大的问题就是，数据的使用者和拥有者非常不协调，简单来说，就是最需要数据的企业往往得不到数据，而拥有这部分数据的企业却不知道怎样利用。解决这个问题的最直接办法就是进行数据交换，而在区块链网络中，让需要进行数据交换的两家企业碰面并不难，但保障数据传输的安全性却不容易。

更为重要的是，对于每个个体来说，留存在现实世界中的数据都具有商业价值，但每个人的个人数据都分散在不同的机构和系统中，谁也没办法将这些数据汇集到一起，更谈不上管理和控制。

其实，数字资产证明可以通过区块链上的散列函数和时间戳功能得以实现。散列函数可以根据内容压缩成一串复杂的字符串，并通过这个字符串反推出内容，而公证通可以通过批量公证这个功能来完成交易的验证服务。公证通企业可以与商业伙伴联合起来，将散落在网络或现实中的各种用户数据集合在一起，使之转变为数字资产，并使拥有者独立控制属于自己的数据；也可以在区块链中进行出售，实现最大的商业价值。

传统的物联网模式是由一个中心化的数据中心来收集设备所发送的信息，但这个系统对中心结构非常依赖，虽然也能建立起比较健全的信任机制，却增加了网络维护的成本。随着节点的增多，这种模式显然已经不堪重负。而区块链技术就可以提供一个去中心化的解决方案，使智慧城市的建设更加顺利。

而实现区块链技术和智慧城市完美结合的关键就在于公证通企业，其产品完全可以作为智慧城市解决方案的一个重要组成部分，在国内各个地区推广使用。这也有助于用软件代替硬件来定义一切事物。到那时，传统的信息架构已经不存在，人们对运算、存储以及安全的需求将会被更加精准地提供，并且是按需分配，随时随地提供服务，而云计算、物联网和大数据等前沿科技的发展也会更加迅速。

其实，人们之所以会购买一件商品，是因为这件商品可以使生活变得更加简单，并降低成本。公证通作为一家创业公司，很好地把握住了客户的这种需求，从而借助平台，使广大用户体验到了廉价的公正机制和加密技术。目前，公证通与微软的合作将研究重点放在了优化档案记录和业务流程记录方面。

区块链可以看成"数字货币"最基层的技术，它像一个数据库总账本，记录了所有的信息。公证通公司就致力于打造这样一种集身份识别、交易交换和支付结算为一体的系统，这种系统还能运用到证券交易、电子商务、"智能合约"中。区块链也可以作为互联网经济的底层技术架构。公证通公司目前的任务是弱化对中心化系统的依赖，争取将所有用户的数据和交易项目都记录在云平台上，并且对每一位用户公开。

4. 让每个人都能建立"交易所"的比特股

"比特股"的概念源于一个用户给中本聪回复的关于脚本可扩展性的帖子，用户在帖子上的疑问是：怎样发行自定义资产？是否需要对网络进行升级或程序改动。中本聪的回答是，不需要脚本，只需要将比特币发给自己，然后宣称这个交易是资产的交易就行了。当然，这需要一个定制的客户端来识别资本，这种方法后来被称为"给比特币染色"。

但是，这样的方案并没有使中本聪满意，他想利用区块链实现更加强大的功能。他的愿景主要有 3 个：

（1）挖矿机制已经落后，要提出一种更加节省资源的网络维护机制；

（2）寻找一种更加稳定且不会出现错误的类似于比特币的货币；

（3）提供去中心化的开放金融市场。

这 3 个愿景后来被一一实现，分别衍生出了共识机制、智能货币和去中心化交易所，而这三大衍生物又直接催生出了"比特股"的发布。经过融资，开发比特股的公司的产品方案在不断的争论中发生了颠覆性的改变，并成为相当有竞争力的区块链项目。

每一个区块链都需要一种共识机制，比特币采用了工作量证明的方法来安排节点产生区块，这个机制的缺点就是浪费了大量的资源。为了规避这种情况，人们后来提出了用权益证明来替代这个方案，并因此孕育出了点点币。在证明区块上，点点币被构建出来。在这个系统中，矿工的工作目标和货币的销毁时间呈负相关。持有点点币的个体必须成为一个能证明股权的矿工，并且许诺锁定一部分货币，以使网络的安全得到保障。但是，这样一种机制仍然存在漏洞，必须要结合工作量证明和权益证明才能稳定运行。

更为纯粹的权益证明机制是 NXT，它的透明挖掘算法和工作量证明有很大的相似之处，但有一点不同，那就是 NXT 与其所持有的股权呈正相关，而比特币与节点所拥有的算力呈负相关。NXT 的机制对资源的损耗比较小，缺点就是容易使出块权力中心化，出块速度也达不到理想速度。

Ripple 系统采用了一种完全不同的共识机制，和其他体系一样，Ripple

旨在建立一种交易总账和签署总账的不相同节点，并采用一种偏向中间变量的投票系统，使各节点按照一定的顺序达成一致。这些节点根本不需要担心交易记录被伪造，因为它们时时保持同步，即便有一两个节点被伪造，也起不到决定作用，它们重新被接入网络时，只要大多数节点的交易记录正确即可。想要伪造交易记录，你就必须控制51%的节点，但这样的工作目前来说是不可能完成的。

当然，这种系统也存在明显的缺点，那就是加入唯一节点列表时需要被邀请，并且出块的节点没有任何奖励机制。这使得该系统只能建立私有链和联盟链，而公有链由于没有既得利益而迟迟得不到解决。

DPOS的设计吸取了其他几个机制和系统的经验，不是采用彩票系统设定一个出块权利，而是让持股人用投票的方法选出一个见证人，见证人按照一定的规律出块，而出块的节点会受到系统的奖励。但交易费用不归这个节点所有，而是被统一存储在系统的资金仓库内，作为开发系统的资金来源。在DPOS机制之下，股东们可以自主选择一部分可信任的人产生区块，并给每一个账户设定一个选举权，每一个账户的权重和其所持有的股份相一致，得票最多的成为见证人。

见证人如果在规定的时间内产生不了区块，那就由下一个见证人来产生下一个区块。没有产生区块的见证人无法获得任何奖励，并有被剔除出见证人队伍的可能。这种机制在确保安全的前提下，又有效建立了中心机制，遵循了去中心化的根本思想，是最佳的共识机制。

人们一直希望有一种像比特币一样，既可以通过区块链传输，价值又不会发生巨变的"数字货币"。以往的解决方法是对区块链上的资产进行背书和承诺，以提高信任度，而目前最流行的方法是依靠比特股所制造的抵押来实现锚定（锚定是将区块链上的虚拟资产和现实世界中的资产保持价值相近的一种机制）。

比特股可以通过预测市场的效率和准确度来创造一系列加密资产，使之对应现实世界中的黄金、石油或美金等法定货币。这些加密的资产被称作比特资产，比特美金可以实时地追踪真实的美金，这样的预期会使交易系统逐渐增强。

实现比特股抵押锚定并不困难，主要靠的是针对智能资产的两个参数，即维持保证金比例和强制平仓比例。这两个参数混合在一起，由见证人来维护。当价格低到用户的最低触发价，强制平仓就会出现。而强制平仓就相当于建造了一个价格墙，是抵押品被卖出的最低价格。例如，市场上的价格下跌至 0.02065 时，就会被强制平仓。

为了使锚定更稳定地进行，比特股的新版本还设定了强制清算的功能。所谓强制清算，就是指智能资产的持有人可以随时做出清算决定，而清算会使抵押率最低的那部分空头仓位平仓。强制清算的发起人会按照清算价值获取抵押物 BTS，在智能资产的各个数值中，强制清算补偿和延迟、最大强制清算比例与强制清算有重大的关系。喂价、强制平仓规则与抵押集合到一起，保障了锚定的顺利进行，也为"智能货币"脱离背书创造了有利的条件。

区块链技术不仅可以使支付系统实现去中心化，还能大大提高去中心化交易所的工作效率。比特股开发团队从许多国际顶尖的交易平台那里吸取了经验，例如，将处理过程全部放到内存中，并将密码学与核心业务分离，再放到单独的线程中进行处理，其最终的结果是新版本比特股获得了前所未有的高速处理能力。

在新版本比特股发布后不久，经过一段时期的过渡，比特股去中心化交易所的潜力逐渐显露出来，一些小型的交易已经在交易所开展。这样的交易所可以被看作建立在区块链上的交易所，它为各种去中心化的交易提供桥梁。当然，为了更好地完成交易，它也支持网关和资产发行人在交易所中发行资产，还支持他们与外界实体资产进行对接，其主要任务是保障钱包的安全，并做好各项服务。

与传统交易所相比，比特股交易所是一种部分去信任的交易所，交易订单是由区块链节点处理的，因此不必担心暗箱操作。对于某些特定的交易，也不必引入第三方，这又是一种完全去中心化的交易体系。

目前的比特股交易所在运营方面还很稚嫩，交易量还无法与大型中心化数字资产交易所相比。但是，比特股交易所也存在显而易见的优势，它使交易变得非常简单。按照传统的方式，交易条件和数字资产的提供都需要一个成本不低的交易软件的支持，并且需要随时维护。而现在，维护交易条件只需要将钱包保护好，并做好资产背书承兑就可以了。

交易撮合的事情由区块链处理，而且公司发行的资产可以与区块链上任意其他资产进行交易。未来，由个人或个别组织建立的交易所会越来越少，选择比特股交易所的人会越来越多。这就是一种交易形式的革命。

目前，新版本的比特股在区块链设计和交易方面的卓越体现，已经使其成为区块链技术方案的第一体现。当初，比特股被设计成了一个去中心化的自治公司，在这样一个公司中，所有的 BTS 所有者都可以作为股东，而所有的见证人都是雇员。见证人为公司提供各式各样的服务，并且可以领取薪酬。理事会是由股东选举产生的重要机构，其主要工作内容是维护各种网络参数。理事会拥有一个多重签名的账户，它具备一系列的参数特权。

对于理事会的提名需要在两周内敲定，理事们在此期间对提案进行投票，两周之后，根据表决结果来判定提案是否正式实行。创世账户拥有普通账户所拥有的任何权限，这就说明，在有需要的时候，我们可以随时将资产发送给创世账户，或者把创世账户作为一个中心枢纽。创世账户还能够发行资产。

例如，"私有智能货币"和"公有智能货币"在本质上区别并不大，只不过后者是归创世账户管理并控制的，前者归普通账户管理。创世账户所认定的智能资产具有更高的可信任度，其网络也会不断升级，以增加新的功能。功能的增加需要通过预算投票项目进行控制，而该平台的任何一位成员都可以对某一个功能提出一定的意见和建议，包括预算和技术方案。如果一个成员的意见或建议能够通过股东投票，那他就可以开始工作，当圆满完成任务时，他就可以拿到一定的奖励资金。

比特股的发展前景虽然巨大，但也面临着不小的挑战，评估一个项目是否值得进行，需要一定的专业知识，更需要一定的精力和时间。就好像一个公司是由董事会而不是由股东来决定商业政策一样，比特股的预算项目究竟采用怎样的方式来管理，始终是一个待斟酌的问题。

5. 瑞波——分布式支付与清算的"深度加成"

瑞波是一种最新提出的区块链技术，专注于分布式系统的清算和支付领域，在传统的区块链网络中，比特币的并发量小，确认时间也相对漫长，而瑞波不仅提高了并发操作和执行的效率，还支持数字资产的发布和分布式支付。通过把区块链镶嵌到一个统一的分布式场所中，我们可以建立一个清算系统，这个系统的流动性很高，能降低一定的支付成本。

瑞波采用了新式的分布式总账系统，它不同于传统的区块链，其共识算法也属于瑞波公司独有。在达成共识的过程中，瑞波并不需要每个节点都确认，只需要信任列表中的节点同意就可以。在这个信任列表中，只要超过51%的节点投赞成票，那么该账本就被认为是有效账本。而且，随着可信任节点数量的减少，共识的完成速度也会成倍增长。在实际运行中，达成共识的确认时间只有6秒左右，其并发量也可以达到每秒上万的数量级。这都远远超过了比特币。

瑞波的共识节点在对出错问题的处理上也与众不同，其他的区块链技术会快速计算出实时状态，当意见不同时，分叉现象就会出现，节点会选择最长的链继续进行计算，直到出现下一块。瑞波的信任节点早在更新之前就会相互讨论，直到彼此达到一致状态。因此，为了保证交易的真实有效，传统的区块链必须要通过延时确定。例如，比特币需要6个节点确认，一个小时后就会被认为交易已经值得信任，而瑞波是一旦交易写入账本，就默认为效果已经产生，这类没有任何延时的检查方式对应用的开发非常有利。

在存储方面，信任列表的维护可以全权交给共识的确认，所以对于普通的节点来说，根本不需要维护一个完整的历史账目。其实，节点可以选择同步的账本范围，一个节点可以选择同步所有的理事账本，也可以选择同步近期的 N 个账本，用户可以根据自己的实际需要选择自己的业务范围。如此，在绝大多数情况下，节点不需要同步所有的数据，这大大节省了网络流量和磁盘空间。

对于传统的比特币区块链，防伪方式就是采用工作量证明算法，也就是我们所熟知的"挖矿"。这种挖矿机制在某种程度上保证了区块网络的安全，但由于挖矿机要求的硬件配置高，算力需求巨大，很多资源都被浪费了。瑞波的原生货币为瑞波币，数量为 1000 亿个。由于瑞波币不需要挖矿，信任问题可以通过节点列表来保障，这就有效减少了消耗。

传统的区块链除了比特币外，无法生成任何"货币"，而瑞波区块链除了可以产生瑞波币，还能更快捷地发行数字资产。瑞波币可以作为网络交易和运行的催化剂，在每次交易的过程中，瑞波币都会有所消耗，数值为总数的 0.012 倍。当然，这个数值并不准确。因为网络越繁忙，每次所需要的网络费就越多，而且被消耗的网络费会永远退出瑞波市场。另外，很多黑客会用技术手段注册很多垃圾账号，为了杜绝这一现象，每个账号都会冻结一部分瑞波币。

瑞波币在瑞波网络中可以充当一个"中介货币"的角色。目前，瑞波币只是作为小型网关和机构的"中介货币"。在瑞波区块链中，用户可以发行自定义的数字资产，只要任意一个账户对网关账户添加一个信任线，那么网关账户就可以任意发行"货币"到该账户。例如，用户的账户为 A 和 B，它们共同添加了对网关账号 G 的信任，信任数额为 10000 元，那么这个网关 G 就可以给 A 和

B 发行最多 10000 元的瑞波币,发行结束后,账户 A 和 B 会显示一定的数额,而网关账号上也会有所体现。

除了瑞波币,其他的"货币"都经过了网关背书。事实上,区块链网络上的任何用户都可以发行任意资产,只要定义一个编码,就能发行一种加密的"数字代币"。这个代码可以代表发行者能够想到的任何事物。这种在发行上的便利性,可以大大降低参与成本,从而让市场上的交易产品更加丰富。各式各样的自定义资产可以进行跟踪和交易。另外,理财公司的盈利产品、超市的购物卡积分、歌星的演唱会门票以及个人的借款都可以在瑞波区块链发行。简单来说,瑞波区块链可以利用更低的成本发行任何东西,而只需要考虑这个行为是否在当地合规,如果合规,那么,通过分布式网络,这些资本就可以流通起来。

网关在某种程度上也是一个普通的账号,只是它在任务上所体现的功能不同。网关是人们非常信任的一个节点,是瑞波币与其他"货币"之间的枢纽,是资本在网络流通的服务供应商。截止到 2016 年,瑞波币的网关交易基本都是由"数字货币"交易和非金融机构企业开设,瑞波公司希望各大金融机构和银行能够成为自己的网关,并开发相对应的应用组件。

不同的网关具有不同的数字资产,瑞波内部具备嵌入式的交易功能,因此可以极为简单地进行资产交易和互换。最重要的是,交易的算法程序都是开源的,有效杜绝了黑箱操作的可能。这些形形色色的交易,就可以形成一张全球性质的交易网络。

这种嵌入式的分布式交易对系统有很大的保障作用,对单一的用户和整个网络都具备一定的安全性。瑞波网络对于单点攻击基本可以做到无视，即便单个服务器被摧毁，也不会影响整个网络的使用。当账户受到攻击，被盗取账户密钥的时候，损失的也只不过是一个账户。而且，黑客破解账户或交易需要付出一定的成本，但黑客不会做赔本的买卖。只有破解成本远小于收益成本时，黑客才会行动。

瑞波币的账户是完全透明的，所有账户的交易记录都可以通过查询得到。这就使监管变得非常方便，对于用户身份的识别也变得非常容易，只要在网关实现身份验证就可以。此外，资产的发行方可以设计一个可供信任的表单，只有存在于这个表单内部的账户才能够对该资产进行交易。

资产的发行方可以在任意时间冻结自己所有的资产，例如，发行方可以冻结一些可疑或者确定有违法行为的账号资产，而被冻结的资产就无法被交易和转移。不过，发行者只能对自己发行的资产进行冻结操作，而瑞波币作为一种原生货币，无法被冻结，主要还是因为我们不知道是谁发行了瑞波币。

瑞波提供了一种可以独立于各个网络，并且可以实时清算的工具。以往，跨境支付网络分散在各处，彼此很难进行数据传输，这就造成了资源的浪费和工作效率的降低。而且，结账时间非常漫长，很多用户因为等待而变得焦虑不堪。这是因为跨境支付的结构相对复杂，必须依靠不同的传递合约和结算合约，并利用各种银行代理进行处理。

现在，利用瑞波区块链可以将各个网络结为一体，并在风险最小的情况下，使金融结算的速度得到提高，最终使总成本大幅度降低。当初设计瑞波就是为了适用于金融体系，并提高信息的安全性和合规性。

在全球统一的交易市场中，瑞波技术可以极大地缩短交易时间，还能减少大约 33% 的成本，具体表现在三个方面：一是流动性，跨境交易所需要的资本的汇款时间只需一天即可；二是支付运营，瑞波可以减少因为错误和例外而支出的人员成本，省去了一半以上的运营成本，交易错误率也极大地降低；三是巴塞尔协议，当公允被取消的时候，其协议支出会减少 90% 以上。

瑞波系统的应用部署起来并不困难，只要建设 5 个以上的节点，就可以形成一个分布式结算系统，后续只需要添加各种连接件即可。瑞波经过数年的运营，其网络上已经积累了大量的交易数据，并且越来越稳定。目前，瑞波公司已经说服几十家银行和金融机构采用瑞波技术。不过，由于完全去中心化的理念尚未深入人心，许多使用者都是先建立一个私有网络，然后再与公共网络相连接。这样既能使公司的机密得到保障，又能利用瑞波技术。

6. 超级账本——具有万能应用场景的区块链

所谓超级账本，是 Linux 操作系统基金会旗下的一个重要合作项目，其项目的主要任务就是建立全球性且面向多种应用领域的分布式账本底层架构。该项目的运营遵循三个基本原则：一是模块化应对多种使用领域，身份识别、共识机制、交易语言和合约语言都离不开它；二是具备高度精确的代码，其账本技术具有容易搭建和部署的特点；三是随着对需求的深入了解和新的使用领域布置，项目能够不断更新和发展，即便其主要任务是开发单一的平台，也可以从多个技术层面切入，发展衍生项目。

在世界范围内比较有名的超级账本项目是 Fabric，它是目前还处于孵化器状态的新兴项目，是关于数字交易的账本，由多个用户共享，每位用户都可以在网络中获取赢得的利益。在更新账本的时候，必须要所有的用户都达成协议。而且，信息被记录到账本之后，就很难删除和修改，每一个记录在账本的数据都可以被任意用户使用密钥进行共识验证。

在关于账本的交易中，所有的信息都是保密的，每位用户都可以向网络中的成员提供服务。不过，他们如果要访问系统，就必须先使用身份证明获得权限。用户可以使用无法被跟踪的证书生成交易数据，且可以在网络中进行匿名交易，而交易内容则是利用密钥导出阵列函数进行加密，并可以设置成只对部分参与者可见。这有利于使商业秘密得到有效的保护。

Fabric 对区块链技术的依赖相当大，鉴于此，比特币可以作为最基本的应用，其内部的模块化可以使不同的组件实现某种程度的即插即用，而无需重启系统。另外，Fabric 还可以利用强大的容器技术实现对复杂的编程语言和"智能合约"的开发，并将开发出来的已经完全掌握的技术进行二次架构。

早期的区块链技术可以实现多种功能，但并不是在任何领域都能平稳运行，这显然不适用于多元化市场的需求。为此，Fabric 进行了针对性的改造和设计，以适应更多的应用领域。另外，Fabric 使用更加先进的方法实现了区块链网络的保密性和私有性。

Fabric 的构造并不复杂，由成员服务、链码服务和区块链服务组成。不过，这只是逻辑结构，而不是关于内部架构的物理层次划分。当然，要研究其物理架构，我们就要在不同的进程、虚拟机和地址空间之间切换。

在 Fabric 的逻辑架构中，成员服务主要负责用户的隐私和公式，保证网络的可审计性和安全性。在缺少权限的区块链中，参与的用户不需要经过许可，就可以在网络上的任何一个节点进行同样的交易活动，并能自动生成区块链，即各个节点没有分工的区别。成员服务对去中心化的"智能合约"与密钥基础中的核心进行整合，赋予了区块链一定的权限。在具备权限的区块链系统中，参与者只需要完成注册并获得一个长期的身份验证即可。

管理分布式的账本需要基于 HTTP 二代和 P2P 协议来管理，在区块链的数据结构上，可以通过各种高精度的优化来保证散列算法把事件的每一个环节都记录下来。每个部署中可以利用不同配置的共识算法。

Fabric 的链码服务为链码在验证节点上的执行提供了一个轻量级的沙盒系统。这个系统中有一个被锁定的安全设备，还有一组经过签名的基本存储镜像，具体需要的操作系统还有各种 Java、go 的编码语言。值得一提的是，这些是主要用到的语言，其他偏门的语言可以随时根据需求被调用。

链码和验证节点能够在网络中发送各种任务，应用程序还可以监视这些任务，并做出相应的反馈。如果已经存在一种预先定义好的任务，根据链码就可以自定义一些事件，而这些事件可以被一个或者多个任务的处理器进行运算，运算器可以通过各种程序将任务进一步传递。

Fabric 的主要程序接口是 REST API，还有其他一些类似的接口，这些程序接口可以让应用程序注册用户和发送交易信息，必要时还可以查询区块链的情况。其中，有一组链码是专门设计 API 的，目的是和底层平台进行互动。

Fabric 的构建包括多种成员服务、多个节点验证和非节点验证，还有多种应用程序。这些组件集合到一起，组成了一个区块链系统。这个系统又包含了多个区块链，每个区块链都可以有自己的运行标准和安全要求。

从逻辑上说，验证节点中包括非验证节点，也就是说，任意一个非验证节点的功能都被包含在验证节点之中。因此，最简单的区块链网络由一个验证节点就可以组成。这是最适合环境开发的配置。单一的验证节点可以在一定的周期内运行，并按照先编辑，其次编译，最后调试的顺序进行。只有一个验证节点的系统不需要任何共识机制，而是用 NOOPS 作为插件完成任务。这样一来，交易就可以立即开始，这种模式的好处是可以在开发过程中得到最好的反馈。

用于测试生产环境的区块链网络也由若干个验证节点与非验证节点组成，非验证节点可以自行担负一部分验证节点没有完成的工作量，如处理各种任务和 API 请求。所有的验证节点组成了一种全新的网络，因此，每个验证节点都能与其他的节点进行连接。当非验证节点和相邻的节点进行对接时，非验证节点是可以选择的，因此，应用程序可以和验证节点直接完成通信。

Fabric 中的节点对节点的通信是以 GRPC 为基础设立的，完全实现了以双向互联为基础的通信。GRPC 利用了谷歌公司的 PB 系统，在节点与节点的传输中使用串行化模式。PB 实现了平台和语言的双中立，并且具有各种串行化数据技术，其消息和数据采用了 P3 语言描述。在节点之间，消息的传输通过各种复杂的结构进行封装，封装有 4 种不同的类型，分别为共识、同步、交易和发现，每一种类型都能在镶嵌的 P 字符段中找到更多的子类型。

超级账本基本由区块链和完整状态两大部分组成。区块链可以看成是一组链接而成的区块集，主要功能是记录每一笔交易；而完整状态则是由键值拼凑而成的，在链码的运行过程中进行状态的存储。区块链的本质是一组彼此相连的区块，每一个区块都包含一个散列函数值。不仅如此，区块中还隐藏着其他的重要内容，即交易列表和区块中所有交易的阵列值，节点之中有关的世界状态值和已经部署的链接码可以融为一体，其实质就是键值之间的整合。

第九章

超级区块的前瞻

——如何通过技术手段掌握千年之链的"现在和未来"

　　区块链的出现是一个颠覆性的创新，它将实现数据在互联网上的自由流动，并能正确记录资金的动向，在保护隐私的同时，实现数据的共享。另外，区块链将很快建立起新的计算机结构，重新塑造网络体系，未来将会建立一个由区块链云端、去中心化应用和区块链服务组成的云架构。

　　区块链将建立起新的信任结构，并更新安全机制和共享机制，建立真正的信息时代新秩序。另外，区块链在未来也并非孤军奋战，它可以和互联网联手，打造范围最广、最优质的服务；它还可以与物联网结合，利用传感系统获取海量的有用数据，并建立去中心化的信息工厂。在热力学第二定律的推动下，区块链技术还可以通过负熵衍生出许多新生事物，并延缓它们的衰败。

　　我们可以大胆畅想，区块链技术将会把我们带入科幻小说的世界，那时，我们就能实现蜂群思维，并可以通过某种连接装置感知他人的情感情绪，甚至可以利用某个存储设备读取他人的记忆与经历。

1. 区块链＋物联网：强强联手，创造无限可能

简单来说，物联网就是可以实现万物互联的互联网，很多学者认为，物联网时代来临之时，就是人们的日常生活发生重大变化的时刻。相对于血战红海的互联网市场，物联网市场一片蓝海，发展前景异常广阔。

物联网技术基础雄厚，如云计算、大数据等技术，这种中心式的计算模式虽然可以集聚强大的运算能力，但在安全性、灵活性上却存在一定的缺陷。目前，智能设备之间的连接和数据通信靠的是对于物联网络的信任。但是，区块链技术的出现却犹如一根救命稻草，解决了物联网系统存在的问题，而物联网与区块链强强联手，将是人类社会走向新起点的契机。

IBM是最早提出运用区块链技术解决物联网问题的公司，它在2014年就提出了"去中心化，建立自治物联网"的口号。另外，物联网的设备民主化与密码学的结合，也是区块链系统的核心与根本。

我们首先来分析物联网面临的主要问题。

（1）使用成本高。目前，物联网还未达到全面普及，其使用成本仍然很高。其中，不仅服务中间商需要抽取一部分利润，云平台周围的基础设备的价格也不是一般用户可以承受的。

（2）互联网信任度差。物联网系统维护信任的成本正逐年增长，而且，许多物联网系统提供商为了便于管理和监控，设计了很多未经用户同意就可以自动分析用户信息的平台，甚至操控用户的终端设备。这对用户的隐私权是一种侵犯。

（3）设备维护难。物联网中的设备相对复杂，而用户的使用周期往往很长，这就在无形中增加了设备维护的成本，一些被用户长期使用的设备可能都找不到制造商了。

（4）使用价值低。简单的物联网系统并不能使设备更加实用。当前的很多开发商过分依赖物联网，生硬地将两件智能设备连接。殊不知，这是舍本逐末，失去了万物互联的意义，成了为互联而互联。

（5）很多物联网提供商都想通过贩卖用户数据或经营广告赚钱，但这些想法都是不切实际的，因为共享自己信息的一般为普通用户，真正的企业用户从来不会这么做。

除了以上五个主要问题外，对物联网云平台的设备性能过于乐观，缺少长期获得利润的商业模式也是制约物联网向前发展的次要因素。

传统物联网之所以会出现这样的问题，首先在于信息处理模式的问题。传统的物联网模式是基于一个中心化的信息中心来实现各个设备的连接通信，这样的收入、成本和周期都存在严重的问题。而加入了区块链技术后，这些设备的运行环境将由中心化变为去中心化，它们彼此相连，依靠分布式运算形成分布式网络，从而轻松解决节点之间的安全问题。

当然，在中心化的系统中，安全信任机制的建立也不难，因为一个中心化服务器就可以统一控制各个节点的身份认证，并且可以修复或更换出现问题的节点。但现在的物联网系统庞大，如果仅仅依靠中心系统协调这些问题，成本将会大得超出想象。

因此，我们需要利用区块链技术建立一个去中心化的物联网系统，使设备实现独立运行，从中心转移到边缘。去中心化的实现至少需要三个条件：一是无需授权信任的点对点通信；二是安全的分布式数据分享；三是完善的、具有延伸性的设备合作模式。

区块链技术完全可以为物联网系统提供这三个必要条件。2015 年 1 月，IBM 宣布开发一个重要的项目——去中心化遥测。这是一个运用 P2P 区块链技术的研究项目，IBM 还和三星公司为该项目提出了一个概念，目的是利用区块链数据库创建一个分布式的设备网络，由去中心化遥测提供设备互联模式。

IBM 不仅在物联网上应用区块链技术，还将人工智能技术融入其中。根据IBM 对未来的市场预测，未来洗碗机这样的设备可以通过合约创建订单，自动购买洗涤剂，就像现在的网络购物一样。

区块链技术所带来的无缝合约交换、设备交互和大规模运算能力互相融合，可以激发物联网的最大潜力。当然，我们的目的是建立一个更加自动化的网络，这个设备网络可以自由利用各种资源，甚至做出计划和决策，而且是中心化与去中心化并存的生态系统。

2. 利用区块链技术创造去中心化物联网堆栈

沃斯公司的发展定位是在工业领域实现设备之间的无缝链接，也就是建立一个基于区块链技术的云平台，使用去中心化的方式，使程序和设备之间实现稳定沟通。该公司高层一致认为，沃斯公司是一个利用区块链实现去中心化物联网软件基站，能使分布式总账上的组件获得身份信息，然后制造一个自动化的组件目录，使物联网系统节点之间可以进行信息互联、智能合作以及资金周转。

与 IBM 的遥测技术项目不同的是，沃斯公司针对的是工业环境，使石油、农业和制造业等公司实现效率上的大突破。通过利用区块链技术，整个企业可以最大限度地监测农作物的生长情况和采矿作业。

沃斯 TAP 是一种轻便的连接装置，内部有多个传感器用来监测周围环境，可以快速将数据连接到设备上进行监控。TAP 能够迅速将无线网络安排妥当，实现与周边 10 公里内的节点进行数据传输，并且可以与手机、电脑和平板等固件沟通，而沃斯 patch 则用来实现该技术的项目定制。

沃斯公司的平台具有五层技术协议，分别为"智能合约"、Bitorrent、Pennybank、Telehash 和 Blockname。前三种协议推动了传感器的运行，后两种协议可以供用户自由挑选。该平台的每一个设备都可以处理公司内部的这五种技术协议。Blockname 可以制造一个唯一的标识符号，存储在设备芯片中，并记录在区块链中；Telehash 可以为数据提供点对点的加密传输；Bitorrent 则负责文件的解读。

通过软硬件的协作，Filament 创建了一个以区块链为技术基础的去中心化物联网堆栈，这个堆栈可以完美地实现小额存付款和智能协议，也有很多专家称其为"物账本"，能够记下所有在物联网中发生的数据变化，还可以安全解决互联网之间的信息传输问题。这就把物联网开发过程中的各种主要障碍一扫而空，使其更加开放和透明。

沃斯公司的堆栈还可以进行 TAP 设备和距离其 10 公里远的设备数据传输，并可以随时监测电力设施，节省了高昂的费用。如果设备出现损坏，如燃烧，那么依靠互联互通，就可以随时提醒电力公司。沃斯公司还设想利用区块链技术建立关于电子货币的网络，将大数据管理用于改善物联网。

3. 在海量的智能设备中寻找完美沟通的"桥梁"

物付宝（Tilepay）公司在物联网领域的主要探索方向是支付系统和商业模式。物付宝公司希望利用区块链技术，为现有的物联网系统提供一种便捷高端的支付方法，实现对物联设施以及传感系统的支付计划。

该公司看到了物联网未被发现的高价值，即传感器中存在的有价值的数据。也就是说，物联网的意义不在于数据能否被采集，而在于数据能否被共享。全世界的数据总量是无穷无尽的，而人类采集到的数据占总量不到三分之一。所以，人们建立了一个廉价的，基于互联网系统的传感器网络。这些传感器网络遍布世界各地，而计算机能通过这些设备获得必要的信息，而且最好是有效的立体图景类的信息，这样才能形成能采集数据的物联网。

当然，传感器将信息收集起来之后，有没有价值就取决于所收集的数据能否让大多数人知道，即共享能力。这就需要大范围的传感器铺盖。但是当前，世界上几乎所有的传感器都是分布在加密的私有网络之中，它们只为单一的公司或项目服务，根本不可能实现全球数据共享。这种各自为政的情况与物联网的大统一愿景是不符合的。

例如，公司的停车场都有统一的系统，用于检测车位的使用情况。这个系统价格昂贵，只用来监测车位的情况显然大材小用，也浪费了资源。该公司完全可以将这些数据提供给研究人员作参考，或将其提供给需要此数据的公司。有些生产高端水龙头的公司，可以在商品里安装传感系统，将这些数据提供给卫生组织，而卫生组织可以利用这些数据追踪某个区域人们洗手的次数，甚至是水质情况，为将来制订社会规划提供参考。但是，如果这个水龙头公司的物联网络完全封闭，那就会使这部分数据完全浪费掉。

因此，当前我们要解决的首要问题就是把物联网数据送到需要的人手中。这一方面是因为很多公司并没有意识到数据对于网络市场的重要性；另一方面，物联网平台缺乏规范的商业市场。现在，虽然有很多物联网云平台可以给用户提供分享数据的空间，却没有分享的奖励机制，或者奖励无法满足上传者的要求，这都是导致拥有数据的用户分享意愿不高的原因。

所以，我们需要建立一个以区块链技术为基础的物联网交易市场。有些专家设想，传感器是获取数据的直接设备，因此，我们可以直接向传感器的拥有者提供必要的使用费用。2014 年，有两位瑞士的科学家提出了这样的设想：制造一个由传感器、输入端和传感库存构成的系统。在这个系统中，传感器可以将监测到的任意数据上传到全球范围内的传感器数据库中。

物付宝公司现在的研发方向和以上设想类似，就是融合全球的数据，然后进行交易买卖，减少设备成本，并建立去中心化的传感器"支付宝"系统。其支付系统的技术基础便是区块链系统，利用区块链系统，任何传感设备都可以依靠某种媒介加入区块链系统和网络，而传感器只需要提供一个 ID 号，就可以完成注册。

物付宝公司还可以建立一个传感器数据交易市场，使所有人都可以在市场中购买自己所需的数据信息，并且全部采用比特币支付方式，保证交易的安全性和数据的完整性。交易系统不仅支持 Windows 客户端，还支持苹果系统和安卓系统的移动 APP，可以方便用户在移动过程中使用，也可以方便用户管理自己的物联网设备和"虚拟货币"。

我们可以设想一下，物联网与区块链技术融合之后，每一个传感器都能进行数据买卖。例如，一个私人气象监测站用自己的传感器检测到了各地的空气质量，那它完全可以通过该公司将自己的数据卖出去，而任何单位或者个人用户都可以通过自己的终端购买这些数据，并查询当前的空气情况。阿迪、耐克及各种跑步软件提供商也都可以购买这些数据，因为这样可以给用户提供无空气污染的跑步路线。

有了区块链系统，我们可以把机器同机器结合起来，实现自主付账、自发完成任务流程。要完成这个目标，就需要数据的共享，而区块链正好可以解决这个问题。通过区块链系统，物联网能真正实现信息去中心化的传输，让每一位个体都可以利用这些数据信息在日常生活中获得帮助。

当然，这个目标要想实现还是有一定困难的。首先，物联网技术应用相对较复杂，其产业链也非常广阔，而区块链技术的发展又相对滞后，离成熟期还有相当一段距离。只不过，物付宝公司在这条路上走得最远，已经实现了物联网与区块链的简单整合，并制订了相关的连接标准。

在软件技术方面，物付宝公司联合了众多小有名气的软件开发公司进行比特币区块链系统和智能互联协议的开发。另外，该公司还与谷歌、Thingful 等公司合作，利用 Thingful 公司的能源、风力、温度、环境、湿度和健康等数据，以及传感器的精准把握能力，使其传感器上的传送装置支持物付宝公司的功能和协议，让这些传感设备在物付宝的去中心化支付市场自动买卖数据。在软硬件设备区域，物付宝公司接连与多家公司合作开发区块链系统，并实现硬件与网络的有机结合。

区块链对于物联网的最大用处就在于在大量的硬件设备之间建立廉价且安全性高的连接，通过去中心化的识别机制，使整个系统的私密性和防破解性大大提高。另外，以区块链技术为基础的智能协议技术，又可以使智能设备进行自我修理和自我调节，增强了它们的独立性，使其实现完全的无人值守。总之，区块链与物联网的融合，将给我们的生活带来翻天覆地的变化。

4. 创新模式：互联网＋服务＋区块链

如今，互联网已经不仅仅是数据信息传输的媒介，还是将各个领域连接起来的中间枢纽，除了足不出户的购物，我们还可以把智能手机与互联网连接，从而生成新的事物。这也就是现在流行的"互联网＋"。

目前，有很多专家认为互联网热度已过，很快就会被新兴事物取代。但实际上，互联网并非固定的事物，它可以作为一个最基本的平台，将数据、资源和人全方位地整合在一起，为各种商业模式制造无限的可能性。在当前的时代背景下，"互联网＋"类型的企业正以一股年轻的生命力慢慢绽放，只要有一个新思路，它们就能依靠聚拢资源和技术孵化出创新的项目。

但是，"互联网＋"作为新兴领域也存在着很多难以解决的难题。众所周知，为了提高资源总量和尽可能地团结外界的力量。"互联网＋"的生态链完全开放，允许任何企业和个人加入进来，并提供尽可能多的信息、产品或服务，允许用户在平台上进行交易。但是，互联网上的信息庞杂，很容易出现安全问题。当前最流行的安全方式无非是手机验证，实际上，这样的验证方式也有很大的漏洞，已经有很多使用者为此付出了巨大的代价。而在这个时候，区块链技术的作用就突显出来了。

在加密数据和存储方面，区块链的能力首屈一指，可以快速识别交易双方的资产情况，并可以准确地存储交易过程，然后通过网络完成交易，不需要手机验证码之类的第三方授权认证，规避了潜在的风险。O2O模式融入区块链技术，可以防止后台被入侵而导致的恶意刷信誉问题。这保证了所有的交易流程都可以被全程监控。

以前，虚拟商品的交易是最难被规范化的，虚拟商品不同于实体商品，可以通过监测物流和消费者的反馈进行判断。例如，淘宝上有很多售卖游戏激活码的商店，但用户支付货款后，店家却不给用户发激活码，用户即便投诉到有关部门，也很难搞清楚交易的来龙去脉。这种潜在的高风险使虚拟商品交易领域一直处于萎靡状态。

而利用区块链技术可以单独发行数字商品和资产，再结合智能协议技术，就可以利用抵押贷款和套利交易的形式使信用风险降到最低。

在消费者评价机制方面，也可以应用区块链技术。现在，我们在交易平台购买商品，都会看一看其他购买者的评价，当我们收到商品后，也习惯对商品做出评价。但实际上，这种评价机制并不完善，一个重要原因就是商家可以控制很大一部分后台操作，这就造成了评价机制的隐秘性，甚至有部分商家雇用黑客通过一系列的技术手段修改评价，从而美化自己的商品，影响消费者的判断。而区块链技术可以记下正确的存储记录，用户发表的评价也会一直在区块链中保存，不会被修改和删除。另外，每一位评价的用户都需要进行身份验证，这就把恶意、虚假的评价和刷单行为拒之门外。

随着"互联网＋"的飞速发展，很多商家在刚刚起步的阶段都不惜花费大量资金补贴用户。比如，滴滴快车在打出名气之前都会返给消费者大量的红包，甚至是免费打车券。其实，现在大部分基于互联网的企业前期都打着返利与免费的旗号发展新客户，并以此来收集客户的信息和喜好，等到自己羽翼丰满，就瞬间把价格提高，而消费者对此却无能为力。这些垄断企业的中心化信息服务系统掌握着大部分有价值的数据，所有的软硬件资源都被某些公司单独占有。

例如，现在在淘宝网上虽然还是可以免费开店，但对于实力不雄厚的商家来说，如果不花费大笔的费用使自己的商铺信息进入搜索系统的前列，就很难得到效益。这就是一种无形的垄断模式，掌握着市场大部分信息和数据的企业不可避免地要压迫其他的小企业，这对行业的整体发展是不利的。

区块链的出现正好可以规范市场，它的去中心化特点可以使交易信息和重要数据平均存储在每个节点中，而数据和信息分布在不同的企业和个人手中，避免了出现垄断现象。虽然单一节点也可能会出现非法的访问或下载，但从网络整体来说，数据的可信度相当高，并且不会被修改。区块链的这种去中心化模式满足了当前最流行的商业模式的需要，有区块链的互联网，未来商业才不会被垄断。

如今，绝大多数的线上交易平台都需要与线下的产品提供商签署协议，敲定合作模式后，再让线下商家接入平台，并规定产品、资金和结算的流程管理。这种合作方式需要投入大量的时间和资金，如果平台推广力度不大，会使很多有价值的合作商被排除掉，错失大好的商机。

而有了区块链技术的支持，线上平台就能自行组建独立的网络生态环境，并以"数字货币"作为交易媒介，使线下的商家直接加入线上平台，省去了谈判和签约的环节。线下的商家只需要找到平台的端口，就可以通过"数字货币"的交易达成合作，全程无人值守，即不需要线上的平台提供任何规则和合约，线下商家就可以自发进入这个生态环境，并在最短的时间内获取利润。

目前，很多大型商场或银行都会为客户提供一定的积分奖励。这的确是一种很好的奖励机制，但有很大的局限性。对于客户来说，企业提供的积分一般只能消费本企业提供的商品，而能用积分消费的商品种类极为匮乏，很可能是客户根本不需要的东西，因此，积分制也就逐渐沦为了鸡肋。

在区块链技术的带动下，一家企业的积分系统完全可以在平台上推广开来，让大多数企业都加入这个机制，实现大部分企业使用相同的积分系统，即一家企业提供的积分可以在多家企业使用。而服务提供商可以为积分自由定价，以便提供更高端的服务。另外，第三方的平台软件开发商也可以更加便捷地提供各种优质的系统，不断优化平台系统，构建更加完善的生态链。

5. 走进科幻：蜂群思维与记忆共享

很多人认为区块链技术最大的特点就是值得信任，另外，区块链还可以看作是一种全球范围内的协作工具，让我们足不出户，就可以使用世界各地的软硬件资源。例如，区块链可以使银行清算、财务审核和境外支付变得更加快捷，使金融领域的整合能力得到显著增强。因此，全球很多企业都集中精力发展区块链，极大地提高了人与人之间的合作能力。

通过各种智能协议和奖励机制，区块链在科学研究领域也发挥了巨大的作用。利用 @home 项目，用户的计算机可以共享限制的 CPU 运算能力，用于解决科学难题。其实，我们使用的 PC 机都是性能过剩，而区块链的分布式运算平台充分利用一切可以限制的力量，将难以处理的大型问题转化为一个个小问题，并通过互联网发送给闲置的计算机。海量计算机同时工作，其总体能量远超当前最强大的超级计算机。目前，主流的分布式计算项目有"搜索外地文明"和"证明引力波存在"，这两大项目的平台都是主流的分布式运算平台。

众所周知，我们可以通过挖矿来获得比特币，即对最先计算出特定散列函数的节点施行奖励措施。这是一种非常有意义的奖励反馈机制。而智能协议则是利用一种计算机语言代替法律语言去记录条款的约定。

利用区块链系统，使用者不但可以将海量的运算能力综合在一起，还能协调全球的资源，并且利用设计好的协议，对整个系统中的用户进行奖励，从而促进资源的合理分配，调动用户完成任务的积极性。而且，根据区块链可以融合空闲算力和资源的特点，未来，我们甚至能将人类的思维和智慧融合，把智能决策和计划的能力提升到一个新高度，并吸引更多的资源参与整合。

很多有远见的学者认为，合理运用区块链的合约系统，使大脑和计算机相连接，就能实现小说《三体》描述的那种高度公正且合理化的决策系统。这个想法看似荒诞，实则有很高的可行性，是对未来科技发展的合理畅想。不过，如果有一天我们真正开始实施这样的计划，还需要考虑其必要性和后果。

利用区块链技术的目的在于提高效率，如果有简单的方法能够达到同样的效果，我们一定会毅然放弃复杂的设想。就像前文所说的让人脑和机器相连，要实现这个目标还非常遥远，而单纯地提高工作效率和安全性，只需要普通的区块链技术即可。例如，美国很多州都开始利用区块链技术规范州长竞选，这可以让投票机制更加透明、更加民主和公正。再来说说后果，如果有一天我们真正实现了完全公正的脑部结构，那人类就没有什么隐私了，那时，个人的思想不再是完全封闭的，而是会受到外界的影响和干扰，这会影响人类的创造力和主观能动性。如果全体人类真的统一了思想和行为，人类社会可能会演变为蜜蜂那样的高度分工集权生存模式。这种模式对人类是好是坏，我们现在还无法知晓。

英国《连线》杂志主编凯文·凯利曾经说过，未来的趋势就是去中心化、分布式思维、分布式控制以及完整的分布式系统。因此，他非常崇尚蜂群思维。因为一只蜜蜂虽然只能存活 6 周，但蜂群的集体记忆能力要长得多。工蜂观察到的数据可以通过层层传递的方式让蜂巢中的所有蜜蜂获知，从而决定蜂群整体的行为。

这种蜂群思维所产生的能量是巨大的，因为个体产生的智慧非常有限，传递的数据量也是微乎其微，但如果所有的个体结合成一个整体，那么这个整体产生的智慧就会远超人类个体的极限。这并不是简单的 $1+1 \geqslant 2$ 的结果，而是一个超越的提升，类似于原子裂变式的增长。

蜂群正是一种简陋的分布式集体思维系统，针对单一个体计划的不周密的缺点，将每个人的智慧融合在一起，达成智慧共享。而实现这个宏伟目标的关键就是区块链技术，只有区块链才能将人类的思维和情感连接起来，发挥更加深层的集体智慧。

除了《三体》，还有很多科幻小说提到了类似的共享思维，其中很多人物能通过某种传输通道和他人建立一定的联系，这些人可以彼此共享思维和感情，甚至还能共享视野。游戏《星际争霸》中的每一个神族成员都可以将自己的大脑连接到一个叫卡拉的能量场，这是神族思想的根源和仓库。而每一个神族成员死去后，他的信息都能在卡拉能量场中找到，探索者可以回望他的过去，并调出他的每一段记忆。但一个人的记忆毕竟有限，探索者还会调出与这个人相关的其他人的记忆，以获取他死亡的真正原因。

在游戏中，卡拉能量场实际上就是一个可以创造思维同步、情绪互通及存储记忆的系统。现在，这些超前的事物似乎完全不可能实现，但区块链让我们看到了希望，我们以后有可能制造一个可以传输、存储记忆和情感的区块链系统来融合全人类的智慧。

区块链在一定程度上确实与游戏中的卡拉能量场产生了联系，或者说有很大的相似性，具体有以下几点。

（1）去中心化。人类拥有机器所没有的情感、思想和记忆，但他们都是独立的个体，并不能心灵交互。要想融合全人类，形成大范围的思想和情感，就必须有一个去中心化的系统和组织，因为我们需要融合海量的数据。

另外，中心化网络的抗性差，系统中只要有一个节点出现问题，就有可能影响整个系统。而在一个去中心化的网络中，破坏任何一个单一的节点都不能使整个网络遭受重创，即便可以依靠技术手段控制网络内半数以上的节点，你也不能完全掌握系统的控制权。还有就是，每个人的记忆都是独立的，不可能使用中心化的系统进行保存，必须要使用分布式的数据存储模式和区块链技术。

（2）取消中介。未来，整个人类可以共享情感和记忆，也就是说，无论是思维还是情感，它们的传递不再需要网络或者枢纽，个体与个体之间进行点对点传输就可以了。

（3）很难修改。很多人说，历史本身是客观的，但我们知道的却是主观的。

的确，历史一直都是由胜利者在书写，每一个时期的历史都受到了意识形态的影响，而且有被篡改的可能。而区块链系统却很难被篡改，它采用的是单向的散列函数，同时，每个新产生的区块都是按照时间顺序不可逆地向前进行。这使任何企图依靠技术或其他手段修改信息的行为无路可走。另外，在区块链上存储的记忆，可以避免因为政治或利益原因而被破坏和抹除。因此，未来社会的历史将是完全真实的历史。

（4）可追本溯源。存储在区块链系统上的记忆除了要防止被修改，还要能方便查找。而区块链形成的数据库有清晰的时间戳，可以对某一数据追本溯源，快速找到与之相关的所有内容，这对历史分析、案件侦查都有非常大的帮助。

（5）权限控制。即便是全员共享，我们也不可能使每一个人都能寻找到所有的记忆，这涉及个人的隐私。所以，只允许一小部分管理员能完全查看和存储所有数据，其他成员根据权限的大小可以获得部分权利。

区块链可以看成是一个私有链，输入权限只保存在一小部分人手中，输出权限也受到了限制。而私有链就可以将有用的节点联系在一起，并在区块链中加入某些合约，降低被侵入的风险。

区块链还能实现"万能图书馆"的功能，凯文·凯里说过，要实现"万能图书馆"的功能，首先就需要屏读和重混。在"万能图书馆"中，人类可以挖掘到的数据都被数字化，并被存储在一个PB级别的硬盘中，我们可以使用屏读的方式来查阅它们。因为有电子标签的帮助，屏读变得非常简单方便，我们可以在电子书籍中自由地翻阅。

"万能图书馆"的出现告诉我们，新事物的产生依赖于新物质，而新物质有可能是多种旧事物的混合，蜂群思维就是混合创造的产物。区块链系统的"可检索"和"可回忆性"特点，可以使我们体验各种新鲜的事物，而这些事物都是分享和重组的结果。

6. 在解构与建构中崛起的区块链系统

从第一次工业革命到现在的信息化革命，社会生产力的发展进入了一个颠覆性的阶段，但同时技术的飞速进步也让我们无暇思考技术给人类以及社会所带来的意义。这就导致了我们无法对技术进步进行总结和升华，缺乏成熟的理论指导。

当前区块链系统已经被我们所熟知并加以利用。由于区块链的去中心化等新模式，目前，开发区块链系统的很多团队和企业不知道怎样从创新的角度去制定企业的发展战略，除了技术水平稍微落后以外，主要还是由于没有相对成熟的思想。

区块链最大的应用领域就是互联网，我们可以从网络动力学的角度系统论述区块链技术所带来的颠覆性变化。网络动力学既存在于互联网中，也存在于区块链系统中，它研究人类组织形式和生产关系对于时间轴的影响，并用抽象的数学模型和语言，对日常生活中的各种社会现象加以解释。网络的动力学的研究主要有四个方面：一是生产力水平；二是权力的中心化模式；三是生产结果的分配速度和质量；四是人口的增长和规模。从网络动力学的角度分析，我们可以将区块链技术的颠覆革命分解为两部分。

第一部分，物理学第一性原理的解构。物理学第一性原理作为量子力学的一种解决方案，在我们的社会生活中具有非常重要的意义，它之所以成为"第一原理"，主要是因为在进行第一性原理运算的时候，它除了应用电子质量、光速以及质子质量外，不需要其他任何的数值。运用该原理，我们可以把物理学从宏观代入微观，如果有足够的运算能力，我们甚至有可能解开原子爆破、地震和星球毁灭的能量密码。

区块链技术是将"第一原理"应用于生产和生活的最佳媒介。为了使生产关系能够适应有限的资源，并维护个体之间的规则，人们制作了各种各样的商业模式和制度，并建立了与之相对应的第三方机构，如银行、律师事务所等。但这些机构基本是中心化结构，其工作效率的提高是以消耗大量的资源为代价的，而且随着需求量的增加，中心会越来越不堪重负。

区块链技术被融合进来后，传统的商业模式将会被完全打乱，因为区块链的模式完全是点对点，这使生产关系出现了大规模的解构，而解构过程中用到的原理就是"物理第一性原理"。无论自然界出现何种变化，都可以利用最基础的电子和质子之间的关系来表示。同理，在区块链技术的带动下，商业行为或企业会被重新拆分，并解构成最直观的经济形式。

第二部分，解构之后的建构。现实生活中的中心化生产模式被区块链技术解构之后，随之而来的就是如何建立新的生产关系。自区块链技术被引入后，元胞自动机的概念就被引入。元胞自动机的定义为：在一个由元胞组成的元胞区域内，按照一定的规则，在时间维度上进化而来的动力学体系。比如生和死，它们都可以代表一个元胞，而它们的组合就称为元胞规则集合。这些元胞的地位都是平等的，它们按照一定的规律进行转化，而不需要中央枢纽的控制，在这样的情况下，它们也能自发地进行各种行动和任务。

元胞自动机是一种近于完美的动力学系统，即简单与复杂并存。简单是因为其规则明确，复杂是因为它可以很轻松地渐进为最复杂的动力学模式。元胞自动机的四大基本元素是主体元胞、边界明确的元胞空间、邻居元胞和具体原则。同理，区块链网络动力学包括经济活动的主体、界限明确的经济生态圈、与主体发生作用的客体以及商业原则。我们可以看到，元胞自动机的基本元素和区块链动力学的基本元素是一一对应的。

在基于区块链的动力学模式中，所有的主体会根据确定的经济原则进行同步更新，大量的经济主体逐渐拼凑成经济集合，并通过各种简单的作用力，构成动态模型的共同进化。这样的演化看上去是缓和的，但实际上，很可能会造成经济集合的消亡或停滞不前，当然也有可能会演化成具有更大效率和规模的新型生态圈。

总体来说，元胞自动机可以分为四类。

一是停滞型，就是每一个元胞处于固定的位置，无论时间怎么变化，它们都不会做出任何改变。二是周期型，经过一定时间的变化，元胞的位置会发生转移，但最终会回到原位置，进行周期循环。三是混沌型，开始的状态发生变化后，经过一段时间的转换，元胞就会呈现混乱的现象，没有明确的变化规则。四是复杂型，介于杂乱无章和周期性之间，这种类型在整体上是有规则的，但在局部又会出现不规则的异变，即涌现式的演化。

由此可见，在基于区块链的动力学模式中，复杂型是最具有竞争力的。在该模式中，元胞之间的竞争和转化都是依靠其内部的规则影响，因此，不同元胞系统之间的矛盾实际上是元胞之间规则的矛盾。所以，元胞系统竞争产生的关键要素，就是设计出不同主体间的规则。

目前，网上的贷款机构随处可见，但基本上都是以企业为中心，企业聚拢资金，整合后贷给需要的用户。而应用区块链技术，特别是应用元胞自动机的原理，就可以使贷款行业的模式进行重组，并实现个体与个体之间的贷款活动。根据区块链的规则和合约，人与人之间的联系因为这个协议而得到自动执行，这时，所有的个体既可以是借款方，又可以是贷款方。最终，海量个体之间的相互关系促进信贷系统的进化。

在以元胞自动机为基础的区块链模型下，一种自发的程序仍旧会在整体的基础上被设计出来。以往，我们总认为杂乱无章的事物就是复杂的，有规律可循的事物就非常简单。实际上，这个认知是片面的，因为复杂性产生的机制源于简简单单的重复，在复杂系统中，简单与复杂符合对立统一原理。

利用区块链技术，我们可以将"物理第一性原理"进行彻底解构，解构之后的单元则可以用元胞自动机进行重新融合，实现生产关系的完美升华。

7. 基于热力学第二定律的区块链技术

热力学第二定律告诉我们，在宇宙中，一个物体不可能只把热能从低温物体传递到高温物体，而不产生其他影响。但大自然的规律永远是无序且没有规律的。所以，我们需要用更加理性的方式建造我们的社会和环境。借用事物的内在规则让事物可以在一定时间段内不断运行，小到一台计算机，大到整个社会的网络系统，我们要用自己的智慧去维持和推动这个系统的创新和发展，避免它在自然规律下处于毁灭的边缘。

在这个过程中，系统的外部与内部都在产生矛盾，最后由量变产生质变。随着旧系统矛盾的加剧，新事物会不断产生，新的结构会打破旧有的体系。但具体是哪一种新事物能代替旧事物，却有很大的随机性和不确定性。

同样，在互联网世界中，事物与事物之间也充满矛盾，网络中的各种软硬件每时每刻也都在更新换代。在这些过程中，有的公司更能迎合人们的需求和市场的规律，于是它们可以长久存在，而有些公司则走向了毁灭。根据这些无序的自然规律和事物之间的对立统一关系，我们可以了解区块链系统的未来发展之路。

人类创造的世界也不能违背热力学第二定律，这个世界会逐渐受到各种未知的影响，最终走到尽头。为此，奥地利物理学家薛定谔提出的"负熵"给我们提供了解决的方法，由于负熵流的引入，事物的无序状态开始变为有序状态。

在事物进行自我升级的时候，有一种模式能够和外部社会自动交换能量或其他物质，并自发形成组合的方式，这就是自组织的概念。在这样的自组织中，有序和自由是成正比的。自组织对外部环境的适应能力非常强，并能对环境的变化迅速做出回应。

自组织不仅是大自然的终极组成形式，在社会中也同样适用。企业也可以应用自组织的形式。在企业中，管理阶层太多并不一定是好事，这会导致混乱，最好的组织原则是尽量减少阶层的划分，形成一条最简短的指挥链。在当前的信息化社会，生产推动消费的模式已远去，随之而来的是用户带动生产的发展模式。企业生产的产品只有得到用户的喜爱，并为用户带来一定的价值，才能不断地生存发展。这就需要企业的组织尽量简单，使企业从无序状态变为有序状态，再升级为更加高级的有序状态。

这正是基于区块链的思想，它代表了一种新的发展愿景。这种愿景能否变为现实，就要看区块链自身的发展了。区块链内部也在不断地毁灭和创新之间徘徊，其根本目的是满足人们的需求，而人们的需求又是推动区块链进化的动力。

随着社会的发展，人们从孤立逐渐走向了开放。同理，信息技术从过去的个人计算机时代到"互联网＋个人计算机"时代，再到今天的移动互联网时代，也经历了一个从孤立到开放的渐变进程。目前，人变成了网络世界中的一个节点，随着虚拟世界的建立，以"我"为节点的组织将会越来越多。

由于区块链技术的存在，我们生活的客观世界和线上的虚拟世界开始变得模糊不清，而物联网技术和虚拟现实技术的发展，使客观世界和虚拟世界发生了某种程度的融合，现实世界和网络世界的资源都在往云端靠拢，每个人各取所需，我们可以在不完全占有资源的同时使用它们创造价值。到那时，个体就是云端的一个组成部分，而科技产品弥补了人们肉体的缺陷，整个人类群体都可以利用云端上的资源成为无所不能的"超人"。

当然，不管怎样融合，基于区块链技术的虚拟世界或现实世界都需要为现实中的人类服务，我们不可过度看待技术进步，而忽略了为自组织服务的根本。

上文提到，系统要想实现创新，就需要负熵的作用，系统越是自由，越容易出现负熵，从而延缓系统的毁灭时间。但是，开放系统本身也算得上是一个中心化结构，只不过这种中心化的结构并不是主流，而是转移到了基层。比如最熟悉的云计算平台，我们能在平台上创造面向各种用户的应用。平台越是自由，越可以吸收更多的资源和用户。平台虽然是中心化，但各种资源和应用却是去中心化的，这种自组织的形式才是最有生命力的结构。

我们可以把区块链看成是一种面向底层的合约。这个合约有两个重要方面：一是线上业务的反映；二是线下业务的反映，但最终反映的都是客观现实。从区块链本身的技术组织而言，它需要以现实社会为基础。例如，QQ 聊天软件就可以看作是一种自组织集合，在 QQ 上，我们可以创造自己的家园、人际关系网和各种应用编排。而这些和腾讯公司没有任何关系，而是我们为 QQ 聊天软件带来了负熵，促使其向更高的阶段进化。

QQ 软件的运行是以腾讯公司为基础的，这是一种典型的中心化模式，但同时，由于我们每个个体的存在，它又是去中心化的。这告诉我们一定要正确理解去中心化，并明白中心化也是可以存在于去中心化之中。

任何科技都有两面性，都是在外部和内部的矛盾之中逐渐产生新的技术，但我们也应该明确，技术最终都要服务于人，实用主义也告诉我们，真理的意义在于它是否能使人得到帮助。即便是区块链技术，我们也应该把重点放在它能解决问题上，我们希望的也是可以利用自组织使区块链系统完成升级与发展。

8. 私有链 PK 公有链：未来谁将独占鳌头

区块链系统出现之后，饱受各界的争议，有很多专家认为，去中心化的区块链技术会严重威胁银行的地位，导致银行的主动权丧失。有三分之一的银行家认为，区块链的出现是一个挑战，各大银行应该联合起来，共同面对这样的危机。

目前很多财团联盟都已经开始运营区块链系统，并积极创建区块链代码，制订该联盟的新标准。央行行长周小川也曾表示，区块链不一定非要和比特币联系在一起，区块链应该是开放的，可以适用于社会的方方面面，尤其是金融行业。很多业内人士也表示，目前各大银行所应用的"数字货币"和基于区块链的"数字货币"并不是一回事。前者是中心化的，而后者才是真正的去中心化。二者应用的技术相同，但工作的原理却不同。

在对于公有链和私有链的态度上，社会上出现了两极分化的现象。通常，国内外从事比特币交易的从业者、互联网专家对私有链持否定态度，而金融界的从业者大多支持私有链。前者在公有链的建造上曾经投入大量心血，目的就是实现绝对的公平。而金融界人士则正好相反，银行、交易所这样的中介结构，很容易被公有链夺去主导地位，这会令他们损失惨重。因此，他们主张尽早在区块链系统上布好自己的局，建造好自己的小圈子。

争论毕竟解决不了根本问题，最早呼吁大家理性看待这个问题的是以太坊的创始人 Vitalik Buterin，他所创造的以太坊上线之后，迅速聚集了大量的人气，实现了区块链系统的新突破。以太坊致力于打造一个完美的底层协议，让使用者可以自由创建合约、协议或电子货币。

以太坊从底层发展的方式无疑是明智的。这种协议的广泛应用，是将区块链领域的资源融合起来的根本方法。Vitalik Buterin 曾经在微博上表示，即便在"数字货币"领域徘徊的人们不愿意将自己的前途压在比特币的身上，但有一点是值得肯定的，那就是可以把它们利用某种方式结合到一起，建立一个稳定且统一的区块链系统。的确，当比特币不能成为一个真正意义上的支撑点时，我们完全可以自己建立一个分布式的系统，以取代旧有的系统。

很多媒体认为，以太币是一种可以代替比特币的"数字货币"，但 Vitalik Buterin 最初的想法并不是简单地复刻比特币的模式，而是立志成为搭建私有链的枢纽和创建"智能合约"。其实，无论是公有链还是私有链，都有其存在的意义。私有链可以满足用户在网络中执行某个特定功能的需求，而公有链可以满足用户对于通用性强且高效的网络的需求。

对于那些为了维护自己的权益而盲目反对去中心化模式的群体来说，私有链的确是狭隘的，但如果他们的目的是更好地造福人类，使我们的生活更加高效便捷，那也就无所谓公有链和私有链了。

我们可以把区块链看成是一种程序语言，里面的每一种语言都有其独特的性质。从区块链近几年的发展来看，几乎没有哪个程序人员能够完全遵循一种语言的规则，这并不是背叛，而是具体问题具体分析，根据实际情况，灵活运用。

2015 年以后，很多专家开始接受并肯定区块链技术，很多科技周刊登出了关于区块链应用领域的文章，使区块链技术脱离了比特币的局限。这是一个巨大的进步，突破了以前只能加密"数字货币"的局限。

人与企业的相互合作方式被区块链系统彻底颠覆，我们既不能支持那些为维护自己的权利而封闭区块链的群体，也不能盲目听信比特币狂热分子的自由货币理论。

在一项新技术刚刚到来的时候，我们不应该抱有太大的期望，即便它的出现可以改变社会。区块链技术还需要经过时间的洗礼，需要我们不断地思考在虚拟世界与现实世界的布局。在互联网刚刚出现的时候，我们也曾想让它短时间内颠覆旧制度，但实际上，我们在感叹它在短期内产生影响的同时，也应考虑它的长期影响。

私有链和公有链并非完全矛盾、水火不容的关系，关键还要看它们适用于哪些必要的场合，从而选择区块链的类型。

随着社会的发展，公有链和私有链的界限会变得模糊。这是走向融合的趋势，因为在去中心化模式的推动下，每个节点都会有非常复杂的协议与权限，也许有很多节点会向所有人公开，但也有一些节点是封闭的，比如很多不方便公开的记账系统。这就是公有链和私有链的综合运用。

目前，无论是国内还是国外，发展中国家还是发达国家，对区块链的钻研仍然处于最初的摸索阶段，区块链的前景仍是有待考虑的重点，我们如果太专注于技术层面，就很容易忘记区块链的实用意义。

在全民医疗、交通、卫生等方面，公有链是最好的选择，可以让每一位群众享受到社会所给予的福利。而国家领导人选举、自治企业或某些政府组织则要从私有链开始，毕竟政治问题关乎一个国家的长治久安。另外，公有链的成本相对较高，在搭建的时候也应该考虑到这方面的问题。

实际上，公有链发展的最大阻碍还是人们的认知程度不高，大部分群体不明白区块链究竟能带来什么，对区块链也没有产生足够的信任感。当然，公有链系统的最大竞争对手还是已经深入人心的中介，虽然很多中介公司因为管理难等问题使群众大失所望，但京东、淘宝这些大型的平台中介一直保持着良好的信誉度，其方便性也使人们普遍乐于接受，公有链想撼动这些平台的地位并不容易。

群众对高端的去中心化模式并没有表现出太大的兴趣，其中一个重要的原因就是目前的中心平台非常便利。例如，支付宝系统因为便利性而深受人们喜爱，即便基于区块链技术的去中心化支付系统更加安全，功能也更完善，但也不足以动摇公众已经用习惯了的支付宝系统。

互联网上的节点在很久以前是分散的，而人们利用各种综合平台使其产生了中心，这也是必然的发展趋势，并没有正确与错误之分。只不过现在，我们受认知水平和发展水平的限制，还不能接纳完全的去中心化，因此，只有量变发生质变，公有链的时代才会到来。

对于私有链来说，使用范围不大，可以有效解决成本问题，但不需要得到全民的接纳，只要在特定的领域获得支持即可。金融界主张大力发展私有链就是出于这方面的考虑。另外，私有链的灵活性也使它比公有链更有竞争优势。它可以根据行业的实际需求提供各种特定的服务，并能以区块链为地基，让从业者自由建立应用，满足用户的需求。我们可以把私有链的发展当成一种过渡，因为它是实现公有链的基础。